AF498878

As Paixões nos Personagens

Método baseado na Semiótica das Paixões para escrever
séries como "Game of Thrones" e filmes como "Roma"

HERMES LEAL

1ª edição – Janeiro de 2020

Capa
Marina Avila

Diagramação
Julie Tseng

Leal, Hermes
    As Paixões nos Personagens: método baseado na Semiótica das Paixões
    para escrever séries como "Game of Thrones" e filmes como "Roma"
    ISBN: 978-65-81550-00-4

Este livro também está disponível em formato de videoaulas
em screenwriteronline.com/br

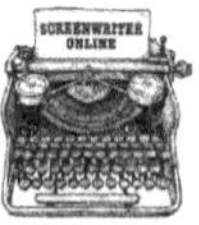

HL FILMES
hlfilmes@hlfilmes.com.br
hlfilmes.com.br

ÍNDICE

INTRODUÇÃO

DO ESTADO DE COISAS PARA O ESTADO DE ALMA

Este livro só foi possível após três décadas de desenvolvimento da Semiótica das Paixões, uma nova ciência do conhecimento que estuda o sentido das paixões nos sujeitos, uma nova teoria da narrativa que leva em conta o estado de alma dos personagens na construção do personagem de ficção.

Uma ciência da ficção, chamada assim por incorporar o sujeito à narrativa, por incluir o seu sentir junto ao seu agir. Saímos de uma teoria da ação para uma teoria da emoção, do agir para o sentir dos personagens, que vem fazer muito sentido ao levarmos em conta que é o "sentir" que rege a "ação" dos personagens.

O arco geral de uma série ou filme, que é gerado a partir das ações dos personagens, em nossa teoria, também é formado a partir dos efeitos das transformações das paixões nos personagens. Uma jornada de um personagem, em busca de um objeto, é operada por uma ação, que, por sua vez, é regida pelas emoções deste personagem, e o arco decorre da junção desses dois conceitos: do agir e do sentir.

A Semiótica das Paixões leva em conta que o texto de ficção possui três níveis, dispostos em um Percurso Gerativo do Sentido: o nível "superficial", onde estão os discursos, ações e diálogos; o "narrativo", onde estão os estados patêmicos de alma e os modos de existência regendo as ações; e o nível "profundo", onde as forças tensivas operam para empurrar o personagem rumo à potencialização de sua alma.

Esta teoria vai seguir esse percurso teórico, que pode ser aplicado ao roteiro de ficção em forma de "esquemas". Teremos vários esquemas teóricos para entendermos como podemos escrever estruturas tão complexas, como a de "Roma", de Alfonso Cuáron, que invisibiliza o sentimento dos personagens em suas ações simples, e narrativas mais clássicas, como "Game of Thrones", onde a jornada do herói está evidente, mas, também, é regida pela jornada afetiva de todos os seus personagens.

"Game of Thrones" só funciona como uma série perfeita, e uma das mais premiadas da história da TV mundial, porque não se apoia apenas nas estruturas da ação, mas também nas motivações passionais de cada personagem. Em "Roma", as jornadas de duas heroínas são transmitidas através de sensações, e não por suas ações. Nossos esquemas possibilitam mostrar que os arcos do filme e dos personagens Cleo e Sofia são ocasionados por pontos de virada em forma de "sensação" e não pela "ação".

Essa mudança do estado de "coisas" para o estado de "alma", que é o subtítulo do livro "Semiótica das Paixões", de Greimas e Fontanille, originou uma teoria da narrativa baseada nas emoções dos personagens, chamada de semiótica francesa, desenvolvida, na França, por A.J. Greimas, no início dos anos 1990, e, por ter alcançado muito sucesso, foi chamada de semiótica "greimasiana", uma nova ciência oriunda da linguística para a teoria da narrativa.

Esse choque e essa mudança, que continuam até os dias atuais, representam a mudança de um paradigma em que o foco das estruturas dos personagens e da narrativa passa de um "estado de coisas para um estado de alma". De uma teoria da ação para uma nova, da emoção.

Inicialmente, esta semiótica avançou no campo da semiótica plástica e visual, inclusive com grande sucesso na sua aplicação na Publicidade e no Marketing, por Jean-Marie Floch, e somente agora, após mais de duas décadas, estamos aplicando esta teoria no campo do Cinema e da narrativa de ficção.

O arco do agir e do sentir

O arco do agir é construído através dos objetivos de um personagem, como é o arco de vingança da personagem Arya, em "Game of Thrones", que vai de um não-saber-matar, para um poder-matar quem ela quiser. Enquanto o arco do sentir remete ao personagem, e não à estrutura do roteiro, as suas mudanças, nesta curva, vão de um estado de satisfação a um estado de ódio e vingança.

O programa narrativo de vingança de um personagem deverá ser motivado por uma necessidade de liquidar quem lhe causou o dano, assim como também liquidar, ao mesmo tempo, o ódio, o real motivador de seu sentimento de vingança. O sentir e o agir operam sempre juntos para formar apenas um arco, tanto para o personagem, quanto para a estrutura narrativa.

Em nossa teoria, o sentir (estado de alma) rege o agir (estado de coisas), o sensível (imanente) rege o inteligível (o mundo das coisas), enquanto que, do ponto de vista da estrutura, o que rege a nossa teoria é a concessão, que irá promover os pontos de virada do arco de uma história e de um personagem, através de acontecimentos extraordinários.

Até então, tínhamos uma teoria narrativa amparada na "narratividade", que leva em conta o agir como sentido para um roteiro, e essa teoria aqui apresentada também é da ação, mas tem como novidade a teoria da emoção.

A teoria da paixão é importante, porque é o sentir que rege o agir, as emoções é que provocam as ações dos personagens, geram suas ações e falas, influenciando a passagem de um ato a outro e as transformações obrigatórias da história, criando sentido, porque também está em operação um sentido dos personagens, sensibilizando a história e o espectador.

A Semiótica das Paixões se tornou a mais nova ciência no campo do conhecimento exatamente porque consegue explicar como os sujeitos são regidos por suas paixões, e como elas os afetam.

O problema é que este conhecimento se encontra em uma área muito restrita, somente nas grandes universidades, e somente mestres e doutores têm acesso a ele. Foram necessárias três décadas de pesquisa para levar esse conhecimento para além dos muros da academia e aplicá-lo no mundo prático.

Estruturas concessivas

Do ponto de vista da estrutura passional do personagem, esta semiótica absorvida nesta teoria veio iluminar um campo do sujeito que chamamos de "alma", fundamentada a partir do "sofrimento", sem a qual seria impossível estabelecer os esquemas para entendermos a narrativa concessiva.

O esquema organizador desta estrutura sensível é a "concessão", é um ponto de tensão na narrativa por causa do seu efeito de "surpresa" que causa à história e ao personagem.

Do pondo de vista da estrutura da ação, é a concessão o lugar da surpresa. Do ponto de vista dos efeitos dos afetos, a "surpresa" é regida por um esquema "concessivo", em razão da chegada do inesperado. A surpresa é a quebra do esperado, rompe com a implicação e abre uma concessão a esta narrativa para que o inesperado aconteça.

O esquema concessivo, em resumo, é o "inesperado" (em contraponto ao implicativo, o "esperado"), é onde podemos dominar a mudança de rumo dos personagens e suas paradas bruscas diante do inesperado.

Os personagens mudam constantemente de rumo, pois são guiados pelo "sobrevir", por algo que acontece de repente e surpreende o personagem de forma concessiva, quando ele não está esperando. É a espera do inesperado.

Enquanto nas estruturas "implicativas", oposto da "concessiva", está a ação esperada e programada pelo personagem, que é a espera do esperado. A concessão, o oposto, se baseia no inesperado, ao passo que a implicação se baseia no esperado. Só é surpresa, portanto, se o personagem for afetado pelo inesperado.

Do ponto de vista da estrutura do roteiro, esta teoria consegue revelar as camadas invisíveis da narrativa e dos personagens, com os mesmos princípios básicos da narrativa, deixados por Aristóteles, de que os eventos precisam de ao menos duas transformações, divididas em três atos, tempo necessário para formar o arco dramático da história e do personagem.

O percurso afetivo e de ação de um personagem é traçado a partir dos acontecimentos que o tiram de um estado de "espera", que tem peso se for surpreendido pelo inesperado, causando um rompimento no mundo do agir do personagem e deixando uma fratura em sua alma, e o objeto de seu projeto de ação será fechar essa fratura, liquidar essa falta que o impele a agir.

A jornada será a realização de um arco afetivo, baseado nas suas constantes e necessárias transformações.

A jornada de um personagem na narrativa, através de um programa de realização, é estabelecida a partir destes acontecimentos que promovem a ação, mas que, na verdade, estão em busca de uma liquidação de seu sofrimento, de uma potencialização de sua alma, mesmo que seja de maneira concessiva. Todo personagem é movido por sua imperfeição em busca de uma perfeição concessiva.

Nossa teoria, com seus módulos bastante explicativos, possibilita descrever a curva invisível daquilo que promove a curva do visível, da ação. Temos acesso a esse arco invisível do personagem e ao seu controle, para usar de maneira lógica e correta no desenvolvimento de suas histórias.

Narratividade, Marketing e Paixão

Greimas, um dos fundadores da Escola de Semiótica de Paris, levou ao mundo a semente da Semiótica das Paixões nos anos 1980, quando publicou o livro "Do Sentido", que mudou o rumo da narrativa, ao expor um esquema baseado em um sujeito regido por modalidades passionais.

Foi somente em 1991, ao lançar, com Jacques Fontanille, o livro seminal "Semiótica das Paixões", aplicada ao significante do personagem de ficção, que a semiótica ganhou o corpo teórico aplicado nos dias de hoje.

Nossa teoria também se apoiou na obra mais hermética de Greimas, "Da Imperfeição", publicada na França, em 1987, considerada a sua obra mais complexa, pela ousadia de criar uma estética para o "sujeito". Não apenas uma teoria a mais para uma estética, mas uma estética para o sujeito que nasce em contraponto à estética do objeto. Uma interpretação correta que ainda precisa ser reconhecida.

Neste livro, o autor elabora esquemas de como um personagem sente o acontecimento extraordinário na forma de uma "sensação", quando é sugado do mundo do agir para o mundo do sensível, através do que chega no impacto do inesperado. E isso pode ser tanto uma "estesia" estética, se o acontecimento for diante de uma obra de arte, quanto uma "fratura" na alma, se o acontecimento ocorrer diante de seus próprios fantasmas existenciais.

Já nos anos 2000, a Semiótica das Paixões ganhou mais um capítulo, desenvolvido por Claude Zilberberg, um parceiro e seguidor de Greimas, com a Semiótica Tensiva, que irá incorporar a fenomenologia de Husserl, e o sentido do ser como "presença" de Heidegger em "O Ser e o Tempo".

Neste estudo, o autor irá incorporar o "corpo sensível", de Merleau-Ponty e

Gilles Deleuze, pois a "sensação" é sentida de forma corpórea, o corpo "sente", esquematizando esses aspectos subjetivos em um esquema do acontecimento extraordinário, retornando às origens da Semiótica Narrativa e das Paixões.

A Semiótica das Paixões não vem da Narratividade, largamente difundida nos anos 1960, desenvolvida por Umberto Eco, Roland Barthes e Tzvetan Todorov, entre outros.

Greimas fez parte do grupo, especialmente quando pulicaram um conjunto de ensaios intitulado "Análise Estrutural da Narrativa", lançado na Europa, em 1966. Neste livro, os estudos de Greimas se baseavam em Propp, ainda sendo revelados na França pelo viés simbólico de Claude-Levy Strauss, o tradutor de V. Propp do russo para o francês.

Do grupo ligado à Narratividade, somente Greimas desenvolveu uma nova teoria narrativa baseada nas passionalidades dos personagens, que virou uma semiótica das paixões, que "incorpora", finalmente, o sujeito à narrativa, um campo novo sem referências conhecidas no campo da narrativa explorado pela Narratividade.

No campo da Psicologia, Jacques Lacan elegeu o estudo do "significante" do imaginário como sua base teórica para entender a psicologia dos sujeitos. E, agora, temos uma nova teoria também baseada no "significante", mas desta vez do próprio sujeito, através de suas paixões. A Semiótica das Paixões vem ser a "semiótica do sujeito" ou a "semiótica do sofrimento", só possível por causa da existência de uma Semiótica da Concessão, a que mais iremos destacar neste estudo.

Esta teoria ganhou importância na área do marketing e das marcas, após empresas como Apple, Microsoft, Channel, entre outras, utilizarem esse conhecimento para agregar valor às suas marcas, seguindo os estudos de Jean-Marie Floch. Depois da aplicação destas teorias, as marcas nunca mais foram as mesmas, elas começaram a fazer parte da existência destas pessoas. Porque estas marcas possuem valores míticos.

Para Floch, as marcas possuem uma escala de valores; místicos, lúdicos, técnicos e práticos. O prático corresponde ao poder-fazer, o técnico, a um saber-fazer; e o lúdico, um querer-ser, e os valores míticos, ao "crer". Porque o crer potencializa a alma dos sujeitos de forma concessiva. A força de atração de uma marca só é potente por causa desse valor mítico que é dado pelo sujeito consumidor.

Agora, pela primeira vez, conseguimos reunir um corpo teórico capaz de atender a necessidade da área das paixões dos personagens. Por isso, essa teoria tem o frescor das novidades.

Estrutura do livro

Este livro apresenta uma nova teoria da narrativa de ficção, através de "esquemas", que vão se interligando até formar uma grande teoria do ponto de vista do percurso gerativo do sentido, nos personagens e na estrutura do roteiro.

Dividimos a teoria em dois grupos de esquemas, que não se separam na prática: de um lado, os esquemas que nos ajudam a elaborar as camadas estruturais da narrativa, como o Programa Narrativo e o Simulacro Existencial; e, de outro, os esquemas estruturais dos personagens, como os acontecimentos extraordinários, o dano e a fratura, o ódio e a vingança.

Nos esquemas estruturais está o Programa Narrativo, um programa de execução de uma realização de um personagem em uma jornada em três atos, baseado em um contrato, no primeiro ato, uma manipulação no segundo ato, e uma sanção no terceiro ato.

O programa tem um núcleo, que pode ser exposto em um gráfico, com funções que serão ocupadas por personagens. Esse programa em três atos é operado por, no mínimo, três funções, de um "sujeito" e um "objeto", realizando um contrato para uma jornada, em que o "destinador", tem a função de interferir nesta relação, puxando o sujeito ou o objeto para si, em troca de competências.

Assim como o esquema do Simulacro Existencial, onde podemos perceber a mesma jornada em uma camada mais profunda da narrativa, sendo virtualizada a fase de contrato, em que um personagem só tem um "querer"; atualizada, a fase de manipulação, em que os personagens precisam adquirir "saber" e "poder"; e realizada, a fase de sanção, onde o personagem se potencializa na crença de suas competências.

Enquanto no Programa Narrativo os personagens desenvolvem intrigas, especialmente entre um sujeito, um objeto e um destinador, no Simulacro

Existencial, os personagens geram concessões, saltam etapas e criam mais uma fase chamada de potencialização.

O destaque entre os esquemas dos personagens é para o Acontecimento Extraordinário, a centralidade da ação, o ponto de tensividade, a transformação do personagem em seu sentir, de raiva a ódio, por exemplo, e da ação, promovendo um ponto de virada na história após a interrupção do acontecimento, obrigando a existência de uma passagem de um ato a outro.

Este esquema revela como um personagem leva o choque do inesperado, que irá causar um Dano, que também tem um esquema que relaciona o dano ao sofrimento e a jornada de busca de liquidação deste dano, que ocorre também na alma do personagem.

Outro esquema em destaque é o da Surpresa, que é o que faz o acontecimento extraordinário ser tensivo e surpreendente. A supressa tem um esquema baseado na espera do inesperado, quando aquilo que estava previsto para acontecer não acontece. E acontece o inesperado.

Este esquema oferece ao roteirista uma noção de como tratar seus personagens para se tornarem surpreendentes, como em "Roma", ou como surpreender o espectador, como em "Game of Thrones".

E, por último, os esquemas dos efeitos das paixões nos personagens, como o esquema da vingança, e o esquema da cólera, duas grandes paixões que têm causas diferentes e surgem em razão de outras paixões, como a raiva, o ódio, o ressentimento, a apatia, entre outros.

A comprovação da eficiência desta teoria está em como ela pode ser aplicada em diferentes tipos de ficção, romances e séries, como "Game of Thrones", da HBO, e "Roma", de Alfonso Cuáron, produzido pela Netflix, um dos filmes mais aclamados e premiados dos últimos anos.

PARTE 1

I. PROGRAMA NARRATIVO

O primeiro esquema que o roteirista deve dominar é o Programa Narrativo, o esquema base que servirá como espaço para se estruturar, a partir de um "contrato", o desenvolvimento dos percursos de seus personagens na história, e esquematizar ao menos dois pontos de virada em três atos.

O esquema servirá para a formação da intriga, a partir de contratos fiduciários, na base da confiança, entre dois personagens, para o cumprimento de uma jornada de um contrato a uma sanção. O contrato é algo subjetivo, mas está inscrito em todo início de jornada. É obrigatório.

O contrato é regido pelo querer, em que, dentro dos simulacros existenciais dos personagens, há um devir obrigatório destes personagens de seguirem adiante, em busca do cumprimento ou não destes contratos. O que irá gerar antiprogramas narrativos, que gerarão os atritos da intriga e da ação.

O escritor estabelecerá um Programa Narrativo para cada personagem de sua história. O filme "Roma" (Netflix, 2018), de Alfonso Cuáron, possui, basicamente, dois Programas Narrativos, o da empregada Cleo, que é a protagonista, e o de Sofia, a patroa.

O Programa Narrativo de Cleo "é ser mãe". Sua jornada afetiva está condicionada ao contrato que faz com o namorado Fermín e ao filho que carrega no ventre. O Programa Narrativo de Sofia, a patroa, é "não sentir falta do marido", que a está abandonando com quatro crianças pequenas. Seu percurso narrativo será liquidar os efeitos da falta causada pela ausência do marido.

Na série "Games of Thrones" (HBO) existem vários Programas Narrativos em razão da grande quantidade de personagens. Um personagem desenvolve sempre um Programa Narrativo principal, de base, e pode desenvolver outros contratos paralelos ao longo de sua jornada, como Programa Narrativo paralelo.

Jon Snow tem um Programa Narrativo base que é ser um Patrulheiro da Noite, um condenado à imensa e isolada muralha de gelo, cujo objetivo, em razão de um destinador que lhe rege, é proteger a existência da humanidade contra os homens de gelo, mas também exercerá dois Programas Narrativos paralelos, com Ygritte, a selvagem, e com Daenerys, a mãe dos dragões.

Núcleo da ação

O esquema do Programa Narrativo tem um núcleo formado por três funções; um sujeito, um objeto e um destinador. Estas três funções são uma redução de seis funções básicas da narrativa, que incluíam ainda um destinatário, um ajudante e um oponente.

O esquema serve para organizar a função e o papel do personagem na narrativa, assim como suas relações contratuais que irão gerar conflitos e arranjos. Os personagens fazem programas de ação, no esquema formado por estas três funções, de sujeito, objeto e destinador, sobre as quais tudo mais que vier rumo às estruturas mais profundas da alma dos personagens será aplicado a partir deste pequeno esquema em três funções.

O esquema pode ser colocado em um gráfico com seis funções, sendo que as funções de ajudante, oponente e destinatário podem ser ocupadas pelo sujeito, o objeto ou o destinador.

Destinador → **Objeto** → Destinatário
↑
Ajudante → **Sujeito** ← Oponente

Cada personagem, sujeito, objeto, e destinador, tem funções na narrativa e desenvolve seu Programa Narrativo sempre ocupando o lugar do sujeito.

O que está em jogo é uma relação de "junção" entre o sujeito e o objeto, e um destinador.

O destinador é o gerador de conflito e que doa poder ao sujeito, e o objeto é o que possui "valores" cobiçados por um sujeito. Os sujeitos estão em busca dos valores contidos nos objetos e não nos objetos em si.

A relação entre sujeito e objeto é fenomenológica, nela um objeto só existe quando 'focado' por um sujeito, isto é, quando é visado por um personagem, que lhe dá existência enquanto objeto. Já o destinador é o elemento dramático que a narrativa incluiu nessa relação entre o sujeito, o ser e o mundo.

As três funções principais incorporam a fenomenologia de Husserl e Heidegger, que estabeleceram as fronteiras e o choque entre o sujeito e o objeto, no caso de Husserl, e entre o ser e o parecer, no caso de Heidegger.

O destinador é atraente para o sujeito, porque pode lhe dar competência para poder-fazer seu programa de realização. Sem um destinador, Arya não conseguiria executar seu Programa Narrativo de vingança. Ela precisou de um destinador da arte de matar, que foi Jaqen, para que ela pudesse executar sua vingança.

O destinador precisa ser destacado, porque ele é estratégico para formar a intriga e estabelecer relações de forças na ação, ao interferir nas relações entre os personagens, entre o sujeito e o objeto, de forma a gerar os conflitos das ações na narrativa. O destinador irá puxar para si ou o sujeito ou o objeto da intriga.

O conflito se move a partir da ação de um personagem em busca de valores que se encontram no objeto, que circulam entre outros personagens. Quando um personagem ganha ou adquire um valor, outro personagem doa esse valor ou dele é privado. Esse é o núcleo da intriga.

A intriga é formada a partir da situação de que um personagem tem a função de estar sempre em busca de "alguma coisa", dentro de um Programa Narrativo, que geralmente está contida em si mesmo ou em objetos, mas camuflada em forma de valor. A intriga é gerada, portando, a partir da disputa pela posse dos valores que circulam entre objetos. Os objetos são atraentes por seus valores, assim como o destinador é atraente por doar saber e poder.

Esse algo buscado, em um contrato, é o valor que esse objeto possui, ou que aparenta possuir, para o sujeito que o deseja. Os valores desejados, como riqueza, fama, beleza, reconhecimento, prestígio, liberdade, normalmente estão contidos de forma sutis nos objetos, o que leva muitos personagens à ilusão na fase contratual.

O Programa Narrativo de Jon Snow

Jon Snow terá um Programa Narrativo base, principal, que é com a Patrulha da Noite, para servir na Muralha defendendo o povo, que o destinou como defensor de suas vidas, e outros programas paralelos, especialmente com duas mulheres, a selvagem Ygritte e a princesa Daenerys, a mãe dos dragões.

Jon é movido por afetos diferentes em cada programa, mas sua paixão base é a revolta, a amargura por ser um bastardo, o que resulta em um personagem rebelde. Jon é tomado por uma revolta permanente em seu percurso narrativo, do início ao fim da série.

O seu Programa Narrativo com Daenerys tem o objetivo de vencer os caminhantes brancos. E tem como destinador a sociedade, que está sob o risco de desaparecer devido ao avanço dos "caminhantes brancos", os homens de gelo que anunciam o fim da civilização humana.

É também um contrato afetivo, onde Jon acredita que Daenerys seja uma pessoa bem-intencionada, que usa dos poderes dos dragões para sanear o bem, quebrar as correntes dos escravos. O seu Programa Narrativo tem um aspecto do agir e do sentir em curso, a partir de um contrato que envolve um romance e uma parceria de guerra com a mãe dos dragões.

Já o Programa Narrativo com Ygritte, a selvagem, o contrato tem o objetivo de alcançar a sua liberdade. No plano da ação, Jon é prisioneiro dos selvagens, liderado por Mance, e mantém um contrato com a selvagem, por quem se apaixona, de se tornar um selvagem. Neste Programa Narrativo, Jon tem como destinador a Patrulha da Noite, onde é um Corvo, como são chamados seus integrantes.

Seu Programa Narrativo será desenvolvido em três fases: um contrato com Ygritte, no primeiro ato, uma manipulação para demostrar que está se transformando em um selvagem, como Ygritte deseja, e uma sanção, onde a verdade, se Jon se transformou ou não em selvagem, aparece. Quando Jon conquista finalmente a sua liberdade, revelará a verdade que o contrato escondeu, que Jon não era um selvagem.

Neste esquema, Jon é o sujeito e Ygritte o objeto, que tem o valor "liberdade", e que tem como destinador a Patrulha da Noite. Jon é um patrulheiro que caiu nas mãos dos selvagens que tem como oponente e seu líder Mance, e como destinatário a si próprio. Pois a liberdade pela qual ele luta é a sua própria.

Programa Narrativo: Jon Snow com Ygritte
Objetivo: Liberdade

Patrulha da Noite → YGRITTE (liberdade) → JON SNOW
(Destinador)   (Objeto)   (Destinatário)

                                    ↑

YGRITTE   →   Jon Snow   ← Mance (Selvagens)
(Ajudante)   (Sujeito)   (Oponente)

O destino de Jon neste programa é a liberdade para o próprio Jon Snow, mas em outros Programas Narrativos, cujo destino é o "povo", esse povo que permitirá a ele agir em seu nome, e ocupará o lugar de destinador.

O Programa Narrativo de liberdade, dentro de um quadrado semiótico, que mostra, ao menos, quatro variações de um personagem em busca de liberdade, tem Jon Snow saindo de um estado de independência, como Patrulheiro da Noite, para um estado de submissão aos selvagens, ao ser preso por eles, onde vai precisar de um poder-fazer para escapar com vida e conquistar esta liberdade.

Poder-fazer   Poder-não-fazer
(liberdade)   (independência)

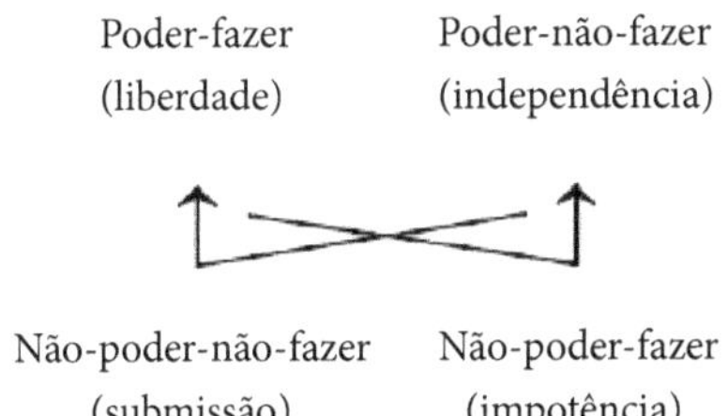

Não-poder-não-fazer   Não-poder-fazer
(submissão)   (impotência)

A fase de obediência e submissão de Jon Snow, neste quadrado semiótico, é apenas uma passagem obrigatória para o personagem adquirir competência para enganar os selvagens, utilizando-se de um aparente não-poder-não-fazer como estratégia para conseguir poder-fazer sua fuga na hora certa, e assim conseguir a sua liberdade.

Cada personagem desenvolve seu Programa Narrativo em busca de um objeto sempre ocupando o lugar do sujeito. Ygritte também tem um Programa Narrativo, que é segurar Jon junto a si, em um contrato afetivo, esperando que ele se transforme em um selvagem. Esse Programa Narrativo de Ygritte se torna um antiprograma narrativo para Jon Snow. O programa de Ygritte de mantê-lo como um selvagem colide diretamente com o programa de liberdade de Jon, de abandoná-la.

Neste mesmo esquema, podemos revelar o Programa Narrativo da empregada Cleo, de "Roma" (Netflix, 2018). Cleo, como sujeito, tem, como objeto, um "filho", que representa o seu querer-ser mãe. O objeto filho lhe dará condição de fazer esse querer se realizar. O Destinador será Fermín, seu quase namorado e de quem espera um filho, e o destinatário de sua jornada é a própria Cleo, o filho será seu. O oponente será o próprio Fermín, que a rejeita, assim como ao próprio filho. E, como ajudante, ela tem sua irmã, sua companheira de trabalho.

Na minissérie "Chernobyl" (HBO, 2019), podemos destacar dois Programas Narrativos, o da esposa do bombeiro Vasily Ignatenko, Lyudmilla Ignatenko, que funciona como ferramenta para o roteirista mostrar o "sofrimento" dos personagens atingidos pela radiação, e o Programa Narrativo de Valery Legasov, o cientista, que tem o objetivo de revelar a verdade sobre o acidente. Verdade que o sistema comunista soviético tenta esconder.

Mas o Programa Narrativo do cientista já começa com a sua sanção, com ele cometendo suicídio. O enredo se inicia no futuro, após dois anos do acidente, e volta no tempo para relato do que havia ocorrido até aquele momento. Seu objetivo será a verdade, ser o agente que tentou evitar uma tragédia maior.

Já o programa de Lyudmilla inicia-se com um contrato com o marido, um bombeiro que sofrerá as consequências drásticas da explosão da usina nuclear. O percurso da mulher do bombeiro e do cientista são os eixos básicos da estrutura da narrativa e dos personagens.

O programa de Lyudmilla tem a função de mostrar o sofrer dos personagens em meio à busca pela verdade. Será o programa do cientista que irá sancionar a verdade, e a da mulher, a sansão da vida ou morte, com o nascimento de seu filho, que não sobrevive, morre em consequência da contaminação pelo desastre nuclear para ela poder sobreviver.

Em "Games of Thrones", o personagem Tyrion Lannister, o Duende, tem vários Programas Narrativos em curso. O principal é com a irmã Cersei, que o tenta matar por culpá-lo pela morte da mãe deles, outro programa com o irmão Jaime, que o defende dos ataques de Cersei, e com o eunuco Varys, em que estabelece uma união pela fraqueza, e que juntos se tornam fortes.

Tyrion, ao longo da série, desenvolverá programas com a princesa Sansa Stark, com quem se casa, mas não consuma o ato sexual, com a prostituta Shae, de quem gosta realmente, e, por último, com Daenerys, a mãe dos dragões, através de uma confiança cega. Com cada um destes personagens, Tyrion terá um Programa Narrativo, de proteção, por ser uma pessoa pequena, ou para demonstração de poder através de sua inteligência.

O Programa Narrativo principal de Daenerys é conquistar o Trono de Ferro e ser a rainha de todos os sete reinos. Ela inicia seu Programa Narrativo em Pentos, com um programa paralelo de casamento forçado pelo irmão, com Khal Drogo, rei do povo Dothraki, com objetivo de conseguir um exército.

Mas, em seguida, a mãe dos dragões desenvolverá um Programa Narrativo com cada homem que lhe for útil à sua jornada ao poder, especialmente com o fiel Jorah Mormont, que lhe dá a vida somente para ficar ao lado dela, e com o rebelde Jon Snow, que a faz finalmente se apaixonar de verdade.

Daenerys fará vários arranjos com os homens bonitos de sua guarda, porque lhe são úteis, mas sucumbindo ao último arranjo com um "errante", sem valores de "poder" como os dela, e que irá traí-lo no final de sua jornada. O contrato com Mormont é ilusório, porque, na verdade, ele é um espião de Cersei, e será desmascarado em uma das suas primeiras sanções. E retorna novamente ao seu programa inicial, desta vez sem a "mentira" anterior.

II. DESTINADOR

Nesta relação de junção entre sujeito e objeto, o destinador tem papel fundamental para operar essas transformações, porque sua função é sempre dotada de algum poder. E seu percurso persuasivo tem o papel de manipular e sancionar o sujeito, resultando muitas vezes em conflitos.

O destinador é atraente para o personagem, porque lhe dá competência e poder para se potencializar, enquanto que o objeto é atraente para o sujeito por causa dos seus valores.

Os destinadores podem ter papéis variáveis e ocupam um papel importante na narrativa, ao menos em quatro funções: "transcendente", "autodestinador", "persuasivo" e "social".

O papel do destinador como manipulador só ocorre em razão da crença do manipulado no manipulador. Ele passa a crer na competência do destinador.

O principal, por ser o mais comum, é o destinador persuasivo. O destinador persuasivo manipula o personagem ao menos de quatro formas: pela "sedução", pela "tentação", pela "provocação" e pela "intimidação", como é o caso de Daenerys, a mãe dos dragões. Ela manipula vários personagens à sua volta em seu Programa Narrativo de busca pelo poder, através de um destinador que usa de intimidação, que são os dragões.

O destinador de poder-fazer vem dos dragões e manipula os outros através do poder que esses dragões doam a ela, mas também pela sedução, especialmente para obter alianças estratégicas para chegar ao Trono de Ferro.

A sedução pela atração sexual é uma competência adquirida ainda na juventude, pois as mulheres de seu "clã" aprendem a dominar o sexo desde cedo, sendo permitida, inclusive, a relação sexual entre irmãos. Isso está incorporado aos valores do personagem. É um poder que ela já adquiriu.

A manipulação pela "tentação" ocorre quando um destinador demonstra poder-fazer o destinatário querer-fazer, às vezes apresentando recompensas irrecusáveis.

Já a "sedução" ocorre quando o destinador manifesta saber-fazer o destinatário querer-fazer. Na sedução, o destinador elogia e enaltece o sujeito de forma que ele não pode recusar sua doação, e qualquer recusa da manipulação significa também a renúncia a todas as qualidades que lhe foram atribuídas.

Já na manipulação pela "provocação", ocorre quando o destinador desafia o sujeito, dotando esse sujeito de um saber-fazer o dever-fazer, agir contra a provocação. Na "intimidação", o destinador é dotado de poder-fazer o sujeito dever-fazer algo a partir de algum tipo de ameaça.

A persuasão pode ser executada de forma mais sutil, como ocorre em "Gravidade", de Alfonso Cuáron, em que o personagem Matt, um astronauta que é o destinador de "vida" à personagem Ryan, ressurge no momento em que ela se entrega à morte para lhe fazer provocações sobre o quanto é importante ela viver, doando poder para se recuperar e realizar sua jornada com vida de volta à Terra.

A inclusão de um destinador no Programa Narrativo de Ryan se fez necessário para que fosse realizada sua sanção. Sem essa presença deste destinador, o final do filme ficaria sem sentido.

O Programa Narrativo de Arya é de vingança e vingar-se requer estratégia e saber. Para executar esta vingança, ela precisa de um contrato com um destinador para lhe doar saber e poder, para conseguir, então, vingar-se.

A vingadora é pequena e frágil, tem uma minúscula espada, e sem algum poder excepcional ela não poderá se vingar daqueles que, muito mais fortes e poderosos do que ela, mataram seus pais e feriram seus irmãos.

Jaqen, o homem das mil faces, será o destinador desse poder a Arya, e tentará persuadi-la a esquecer seu ódio e sua vingança e se tornar apenas uma assassina de aluguel, que matará a mando de Jaqen. Por isso, ele é um destinador persuasivo, que doa poder, mas também exige um contrato com o personagem para fazer o que destinador quer que ele faça.

Já o autodestinador tem uma função no Programa Narrativo de não ceder às tentações de um destinador, seja persuasivo, social ou transcendente. É o personagem que crê em si. Crê poder-fazer e poder-ser.

Em "Games of Thrones", Sam, apelido de Samwell Tarly, o renegado pelo pai, tem um Programa Narrativo como Patrulheiro da Noite, que está em guerra com os selvagens. É um personagem sem competência para a guerra, obeso, cuja vocação é ser Meistre, uma profissão equivalente hoje a um tipo de alquimista, filósofo e cientista.

Passado algum tempo na Patrulha da Noite, Sam consegue finalmente chegar à Cidadela, onde os meistres se formam, mas não recebe atenção dos professores e, ao invés de estudar, Sam vai trabalhar como um empregado sem acesso ao saber que ele tanto queria.

Por sua conta, Sam aprende, nas madrugadas, a ser Meistre, lê os livros sem autorização e adquire saber escondido. No final, na sanção, ele irá tornar-se de fato um meistre sem ajuda de um destinador. Ele autodestinou o seu saber e poder.

Sam é um dos vencedores no último episódio de GOT, potencializado por um saber-fazer e um saber-ser que ele adquiriu sozinho. Este é um destinador que geralmente não sofre influência de outros destinadores, sua curva não se modifica em razão de um outro destinador.

O autodestinador é um tipo raro de destinador. Muitos personagens falham em seus projetos de realização por apenas querer ser autodestinador, sem o ser de fato. Muito dos fracassos de um personagem são decorrentes da falta de competência do sujeito, por acreditar poder se autodestinar.

O destinador social é aquele que interfere na relação do sujeito e objeto, não mais de forma afetiva, o que puxa o sujeito para esse tipo de destinador pode ser uma justiça social, um problema político, ou ambiental, que ponha em perigo a liberdade ou a própria humanidade. É onde os super-heróis se encaixam.

Jon Snow tem um destinador muito forte em seu Programa Narrativo principal, que é servir na Patrulha da Noite na defesa da liberdade dos sete reinos, contra a invasão de bárbaros como os selvagens e os caminhantes brancos. Quem destina o poder-fazer de Jon é o povo que ele defende, e ele dá a vida por causa deste povo.

No Programa Narrativo de Jon Snow com Daenerys, na sanção, quando ele terá de decidir se ficará do seu lado, após ela ter incendiado Porto Real com seus dragões, Jon ficará entre o seu destinador, o povo que ela queimou, e Daenerys, seu objeto de desejo, e Jon faz o que o seu destinador ordena. Executa a mãe dos dragões em nome de seu destinador.

Foi a força do destinador puxando o sujeito para si que ordenou que ele matasse seu objeto de desejo, e Daenerys, mesmo sendo a mulher por quem se apaixonou, não teve poder maior que o do destinador social de Jon Snow. Sem esse papel do destinador, esse final ficaria injustificado.

Já o destinador transcendente é o mais polêmico de todos e o que promove uma enorme concessão nos personagens. Esse destinador tem um imenso poder sobre o sujeito, e sequer procura disputar o sujeito com algum objeto. É um "destinador concessivo".

É um destinador que puxa o personagem para si através somente do crer. Para que o personagem tenha algum poder doado por esse tipo destinador, ele precisa crer de forma irredutível, mas no caso do transcendente ele crê acima de qualquer outro modo de existência.

O destinador transcendente fica mais evidente na relação entre mãe e filho, em que as mães têm vínculos inquebráveis, como no caso de Cersei, a rainha de Porto Real, que tem em seus filhos o destino de sua ambição. Os filhos irão destinar o Trono de Ferro a Cersei, assim como os dragões doam poder para Daenerys almejar o mesmo trono.

No filme "Melancolia", de Lars von Trier, a personagem Justine tem um Programa Narrativo de casamento. Seu destino é casar-se e o filme trata da preparação deste casamento. O filme poderia se chamar "O Casamento de Justine" se não fosse a presença de um destinador transcendente, que é a morte, na figura do planeta Melancolia, que surgiu do nada no espaço e irá se chocar e destruir a terra. O planeta Melancolia traz uma morte iminente.

O que acontece com este destinador transcendente? Ele puxa a personagem para si através de um crer que ele esteja destinando a morte, que é o objetivo do Programa Narrativo de Justine, onde ela pretende potencializar seus afetos, e não o contrato com o noivo, que lhe daria vida.

Como Justine tem uma depressão muito forte e um desejo também muito grande de morrer, ela é puxada por este planeta, porque ela crê que ele, ao trazer a morte, lhe dará alívio à sua alma sofredora.

Justine, então, faz um contrato transcendente com este planeta, por ser mais forte que outros destinadores, gerando um enorme conflito com o seu noivo e com as outras pessoas que têm medo de morrer. Quando o planeta se choca com a terra, Justine o recebe sem medo, enquanto os outros personagens, que tinham seus Programas Narrativos de vida, estão em pânico.

O maior de todos os destinadores transcendentes, entretanto, é um Deus. Ele exerce total poder sobre os sujeitos sem nada fazer para obter tanto poder. É um tipo de destinador que puxa o personagem de forma concessiva, porque o personagem acredita que este destinador lhe dá poder para se realizar e se potencializar.

Esse destinador "Deus" é um signo de poder gerado pelo crer transcendente dos personagens. Um crente em Deus acredita poder fazer algo que seria impossível sem sua ajuda, sem seu poder mágico.

Na narrativa bíblica, o personagem de Jesus Cristo tem como destinador o seu Deus, um signo que representa poder apenas no meio dos crentes deste signo. Sujeitos que adoram outros deuses não seriam atingidos por estes poderes, que está acima de todos os outros destinadores, como o pai e a mãe.

Deus é um destinador que exerce enorme poder de atração sobre Cristo, ao ponto de, após a sua morte, este destinador o levar para o seu lado. Deus, portanto, só é um tipo de destinador transcendente que está acima de todos os outros destinadores, mas também por ser uma "concessão", por só exercer esse poder somente em cima daqueles que nele creem.

III. CONTRATOS E ARRANJOS

O Programa Narrativo opera em uma estrutura clássica de três atos que vamos adotar e é a mais antiga das teorias oriunda do teatro grego, exposta na Poética de Aristóteles, como sendo a condição para que um personagem e uma história sofram transformações significativas.

O esquema inicial é estrutural da narrativa e objetiva traçar o arco afetivo e de ação dos personagens.

Para cada ato dessa estrutura dramática, que será aplicada aqui inicialmente dentro de um Programa Narrativo (e mais adiante como Simulacro Existencial), daremos um nome: Contrato, o primeiro ato, fase em que os personagens se unem para uma jornada; o segundo ato, Manipulação, a fase necessária para que os personagens possam adquirir saber e poder; e a Sanção como sendo o terceiro ato, quando a verdade precisa ser revelada.

Esses três atos serão operados em um "percurso de realização" de um personagem em sua jornada de sentir e de agir, suas emoções e suas ações, com começo, meio e fim, permitindo a geração da curva afetiva e de ação do personagem.

A narrativa contratual promove um arco de transformações dos personagens que vai de uma "ilusão" a uma "verdade".

Primeiro Ato	Segundo Ato	Terceiro Ato
CONTRATO	MANIPULAÇÃO	SANÇÃO
	(Competência e performance)	

Narrativa Contratual

Essa teoria pode ser entendida como sendo uma "narrativa contratual", dada a importância dessa junção dos personagens no desenvolvimento de seus percursos narrativos. Porque é a partir de um contrato que a jornada de um personagem se inicia.

Um dos primeiros esquemas que estão na lógica desta teoria, e que devemos entender, é o papel do contrato nos percursos dos personagens, como o que ocorre no primeiro ato e irá refletir nas demais fases do Programa Narrativo, especialmente na manipulação, que nas séries é 'esticada' em um longo tempo.

O contrato corresponde ao primeiro ato, necessário para a apresentação dos personagens através de seus contratos com outros personagens, tanto do ponto de vista do agir como do sentir, porque, nesta fase da narrativa, os personagens desconhecem que tipo de contrato eles estão 'assinando'.

O contrato é "fiduciário", na base da confiança, em que um confia que o outro irá fazer o que está prometendo. Normalmente, os contratos são estabelecidos no primeiro ato de um filme e no primeiro episódio de uma série.

O contrato entre Jon Snow e a selvagem Ygritte é estabelecido quando ele tem a oportunidade de matá-la e não a mata. Jon foi seduzido por Ygritte, que o domina facilmente pela sedução do sexo, pelo fato de Jon ser um jovem de 17 anos sem experiência com mulheres.

O primeiro ato deste programa se encerra no final do contrato entre o corvo e a selvagem, em que os dois finalmente transam e Jon promete que será um selvagem para ficar ao lado de Ygritte, e ela acredita nessa promessa. Por isso, o contrato é ilusório. Só na sanção, a verdade sobre este contrato irá aparecer.

O contrato entre Jon Snow e Ygritte começa com uma ilusão, quando os dois se conhecem, de que existe a necessidade de um "arranjo" para que possam ficar juntos, um corvo e uma selvagem, tradicionalmente grupos que se odeiam e se matam.

Um contrato é arriscado, os personagens não sabem o que estão 'assinando' de fato, quando se unem para uma jornada, porque por trás desse agir, regendo o sentido da ação, Jon está em busca de liberdade, enquanto que Ygritte o quer preso ao seu lado.

Por isso, existe grande possibilidade de o arranjo não dar certo, em razão de que ele existe, porque um personagem acredita que o outro vai agir conforme ele espera. O que justifica a sanção, quando a verdade aparece e revela que o contrato com Ygritte, a selvagem, era ilusório.

Mas nem sempre o contrato precisa estar no primeiro ato, porém de alguma forma esse ato irá refletir questões contratuais do passado. O contrato de Sofia, a personagem patroa de "Roma", com o marido, é visto no filme já rompido, com a personagem agindo e sentindo em razão de um contrato desfeito.

O Programa Narrativo de Sofia é "não sentir falta do marido", seu contrato desfeito irá tensionar a narrativa e a própria personagem, sensibilizar o discurso que irá seduzir o espectador, a partir de uma percepção da perda do marido durante um acontecimento extraordinário, na cena em que se despede do marido, onde ocorre o ponto de virada do primeiro para o segundo ato.

O sentir de Sofia se relaciona a este contrato da mesma forma que o de Ryan está ligado ao contrato, também rompido, com sua filha que já faleceu. Mas esses contratos estão de forma subjetiva na narrativa, do começo ao final do filme, e são revelados quando se tornam necessários, como o de Sofia, revelado em uma grande tensão para promover uma ruptura na narrativa e mudar a direção dos acontecimentos para um segundo ato.

Somente no final do primeiro ato somos surpreendidos com a revelação de um contrato rompido entre Sofia e o marido, que pede uma liquidação; uma manipulação e uma sanção para desfazer o contrato. Ao contrário de Cleo, que inicia sua jornada pela ilusão de um contrato.

Arranjos e Manipulações

O arranjo será necessário para fazer a ação progredir, para que a manipulação dos personagens fique mais fácil de ser identificada pelo escritor, para que ele possa tirar maior proveito de cada personagem, especialmente quando um contrato for entre um sujeito e um objeto disjuntivo.

Como o contrato entre Brienne de Tarth e Jaime Lannister, em GOT, que, antes de estabelecerem relação de confiança, iniciaram seus Programas Narrativos como inimigos.

O arranjo é operado em sua maior parte no segundo ato da jornada, na fase de "manipulação", fase para os personagens obterem "competência" para executarem uma performance, e precisam de arranjos com outros personagens, ou para adquirir esses valores ou para recusá-los.

No segundo ato do Programa Narrativo de Jon Snow com Ygritte, o patrulheiro precisará provar que está se tornando um selvagem, que está cumprindo o contrato que assumiu com ela ainda na disjunção, em um arranjo em que terá de provar que está mudando de lado ao ser obrigado a atacar a Patrulha da Noite. Ataca a muralha junto com os selvagens para manipular Ygritte.

Isso porque a selvagem sempre teme uma quebra de contrato, gerando uma tensão para uma sanção que se anuncia. Em algum momento, o "arranjo" entre os dois não fará mais sentido.

Esse arranjo, em que Jon Snow precisará se tornar um selvagem, existe como forma de manipulação para conseguir sua liberdade, e para que Ingrid exerça um antiprograma narrativo ao negar essa liberdade a Jon.

Os afetos estão em jogo e nas mãos de uma mulher que o domina com facilidade, porque Jon também tem a mesma inclinação e sentimento para a revolta e a rebeldia dos selvagens, tão excluídos quanto ele.

O arranjo é uma ação e intenção dos personagens de fazer "dar certo" o que estava subjetivo e concessivo em forma de afeto nos contratos. Não existem contratos definitivos, todos se transformam rumo a uma sanção e a uma realização e, no final, eles precisam sempre de uma renovação, ou de uma quebra. Por isso, os contratos são provisórios, e os concessivos necessitam obrigatoriamente de um arranjo.

Esta fase entre o contrato e a sanção tem a força de um destinador operando, interferindo no cumprimento do contrato existente entre o sujeito e o objeto. É neste segundo ato que Arya aprende a ser assassina, a partir de um contrato com seu destinador Jaqen H'gha, que lhe ensinará a arte de manipular para liquidar seus inimigos.

No contrato, o personagem é regido pelo "querer", motivado em realizar seu objetivo, e, na fase de manipulação, ele precisa de "saber" e "poder", para, então, se realizar na sanção. Arya precisa da parceria de Jaqen para obter esse saber-matar, que seu destinador está lhe doando.

Para que Arya manipulasse Jaqen foi necessária a criação de um "arranjo" entre os dois, uma junção concessiva por se tratar de pessoas muito diferentes, como forma de fazer o contrato dar certo. O bom arranjo é sempre fruto de um contrato ilusório se desfazendo.

Não são bons personagens que geram bons arranjos, mas os bons arranjos é que geram bons personagens. Nunca ao contrário.

Grandes obras literárias são baseadas nesses arranjos entre personagens, da mesma forma que os super-heróis precisam de um arranjo afetivo com suas parceiras. O romance "A Gata, um Homem e Duas Mulheres", do escritor japonês Junchiro Tanizaki, se baseia em um arranjo em forma de um carinho por uma gata, entre Shozo, sua gata Lily, sua mulher Fukuko, e a ex-mulher Shinako, em um triangulo afetivo proporcionado pela existência da gata. O arranjo para dominar as duas mulheres é manipulado através do apego e dos afetos que o seu dono dedica à sua gata.

Um dos mestres da nossa literatura brasileira, João Guimarães Rosa, tem a força e a potência de seus contos e romances baseados nesses arranjos complicados em contratos que são impossíveis de se realizarem.

Em "Grande Sertão: Veredas", Guimarães Rosa extrai a alma dos personagens em seus simulacros existenciais, através de um arranjo entre Diadorim e Riobaldo, dois jagunços que lutaram juntos por muitos anos nos sertões do Brasil. Riobaldo é apaixonado por Diadorim, mas esconde esta paixão, porque não sente atração por outro homem, e transforma esse contrato afetivo em um arranjo em forma de "amizade", para permanecerem juntos.

O fato de Diadorim ser uma mulher disfarçada de homem, um valente jagunço, e de Riobaldo não perceber este segredo, é o que torna o arranjo excepcional e gera a estrutura semiótica de todo o romance. Só no final da história, quando Diadorim morre, é que Riobaldo descobre que estava apaixonado na verdade por uma mulher e não sabia. O contrato entre os dois foi manipulado em forma de um "arranjo de amizade".

O arranjo tem sido a alma da ficção, explorada no cinema nas mais diferentes formas, dos mais evidentes, como a relação entre personagens pobres e ricos, entre feios e bonitos, como a Bela e a Fera, fortes e fracos, opressores e oprimidos e entre raças e religiões e culturas diferentes, e entre pessoas do mesmo sexo.

Os arranjos na série "Games of Thrones" são bastante visíveis e caricatos em sua estrutura dramática, como forma de acentuar as diferenças, como o "Leão Dourado e a Rainha" (Jaime e Cersei), um arranjo difícil para manter em segredo a relação entre dois irmãos. Um arranjo tão cheio de descompasso como entre a dupla "O Anão e o Eunuco" (Tyrion e Varys), que se unem em razão de suas fraquezas, de seus danos e sofrimentos.

Tyrion, por sua vez, tem outro arranjo com o irmão, "O Duende e o Leão Dourado", entre dois personagens fisicamente muito diferentes, um alto, loiro lindo e burro, e o outro, anão, depravado e rejeitado pela família. O Leão usa seu brilho e o Duende, o ocultismo em sua inteligência e sabedoria. É este arranjo entre diferenças que mais sensibiliza o espectador.

Há ainda o arranjo da "Princesa e o Cafetão" (Sansa e Mindinho), em um contrato de sobrevivência de Sansa, uma união pela troca de favores. O arranjo é todo manipulado pelo corruptor, Mindinho, que perde poder quando a princesa aprende sobre a vida.

O arranjo mortal entre "O Rei e a Feiticeira" (Melisandre e Stannis), na busca pelo Trono de Ferro, envolve o sobrenatural. Um rei deprimido e psicopata se alia a uma feiticeira que tem o poder do fogo e de ressuscitar mortos, para derrotar seus inimigos, mas que também é enfeitiçado por ela.

O arranjo poético e romântico fica por conta do "Fofo e a Selvagem" (Sam e Gilly), a dupla que perambula por todas as temporadas com um dos arranjos afetivos esquisitos mais tocantes da série.

Ele é fruto de um contrato no qual o gordinho se torna o destinador transcendente da selvagem, de nunca abandoná-la e nem a seu filho, fruto de incesto com o próprio pai, e que leva o nome de Sam. Dois seres desprotegidos, unidos pela admiração da selvagem pela sabedoria de Sam.

Sua jornada no contrato, quando está na Patrulha da Noite, só tem um "querer". Na fase de manipulação, precisará de um arranjo com os Meistres para conseguir "saber" ser um Meistre também, para que, então, na sanção, no terceiro ato de seu Programa Narrativo, possa se revelar um Meistre de fato.

O fim da jornada

O arco do personagem e da narrativa se fecha na sanção, quando haverá um acerto de contas entre sujeitos, objetos e destinadores, em que está em jogo a verdade oculta nos contratos. É quando Sam prova que seu contrato consigo mesmo, por ser um autodestinador, foi cumprido, que não saltou etapas, que passou por todo sofrimento da fase de manipulação.

Da mesma forma que Arya, que, após um longo sofrimento em sua atualização de um querer, para saber de fato ser uma assassina, é obrigada a manipular seu destinador, que por sua vez a manipula também, para se libertar e partir para a sua vingança. O arco se fechará quando vingar-se.

A fase da sanção, correspondente ao terceiro ato, ocorre quando o destinador e o sujeito passam por acerto de contas sobre o cumprimento ou não do contrato assumido. É o fechamento da história narrada e a possibilidade de potencialização da alma dos personagens.

No Programa Narrativo de Arya, sua sanção tem início quando deixa o Castelo Preto e Branco e parte com sua lista de nomes para eliminar. Ela precisa, na sanção, usar seu saber e poder-matar, para liquidar seu sofrimento, poder-matar quem matou seus pais, mas também matar o "ódio" que a jogou no programa de vingança.

Nesta sanção, ela mata o velho Frey com requintes de crueldade, se fazendo passar por uma serviçal, em busca de uma liquidação da falta e do dano causado pela morte de seus pais.

O fim do arco do programa de Jon Snow com Ygritte foi de uma quebra do contrato, de uma promessa quebrada e o fim de um arranjo feito para não dar certo. Jon foge das mãos dos selvagens, na primeira oportunidade, rompendo com Ygritte que não aceita o rompimento e tenta matá-lo.

A sanção reveladora foi que Jon não se transformou em um selvagem, que foi astuto em enganar a todos. Seu arco se fecha de tolo a astuto, nesse primeiro Programa Narrativo, de sua longa trajetória na série.

Esquema da Sanção

A Semiótica das Paixões é caracterizada pelo esquema do "quadrado semi-ótico", que permite observar o sentido não somente através de seus contrários, mas também de seus contraditórios. Assim, podemos articular os efeitos da "verdade", como a falsidade, o segredo e a mentira.

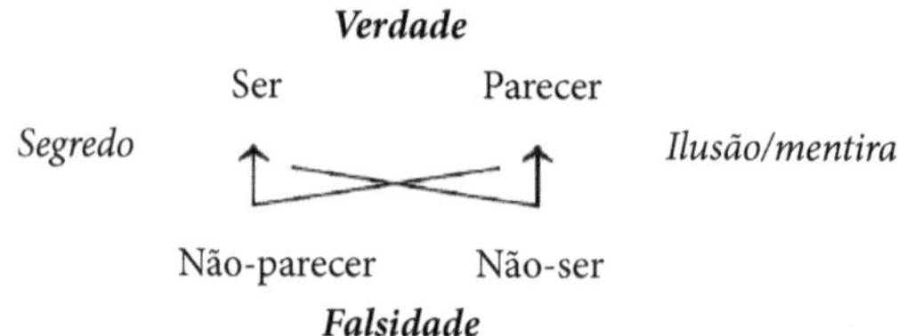

Neste esquema do quadrado semiótico, chegamos a este sentido a partir dos contrários de ser e parecer (imanência e manifestação), consideradas modalidades veridictórias que articulam esquemas contrários, e o esquema contraditório (não-ser e não-parecer), em que existe sempre entre uma etapa entre os contrários, como uma negação do ser e do parecer.

De acordo com os contratos assumidos pelos personagens, algo será verdadeiro quando puder, ao mesmo tempo, ser e parecer. Será ilusório ao apresentar o composto parecer e não-ser, é algo que parece mas não é. Constituirá um segredo se articular simultaneamente ser e não parecer aquilo que é e não parece. Por fim, não sendo e nem parecendo, corresponderá ao conceito de falsidade.

Jon Snow utilizou-se de um segredo (quando o sujeito é e não parece ser) para fazer um contrato com Ygritte, ocultou seu contrato com a Patrulha da Noite, e que se revelou, na sanção, tratar-se de uma mentira, ao parecer que seria um selvagem e não era.

A mesma sanção tem Mindinho quando é executado por Sansa, na sanção, quando será revelada a mentira que o vilão causou à mocinha se passando por uma pessoa que não era, em um arranjo de amizade e proteção, que não deu certo no final, quando a verdade aparece.

IV. ACONTECIMENTOS EXTRAORDINÁRIOS (PONTOS DE VIRADA)

O "acontecimento extraordinário" vem a ser o principal esquema da estrutura do personagem, que incide diretamente em toda a estrutura narrativa de um enredo de um filme ou de uma série. O acontecimento é uma ocorrência no sentir dos personagens, mas é uma ocorrência provocada por uma "ação". Uma ação causada por uma "surpresa". Uma parada que provoca um ponto de virada entre um ato e outro, em razão do sentir do personagem.

O esquema do acontecimento extraordinário leva em conta um personagem em "estado de espera", esperando o esperado, quando é atingido de súbito pelo "inesperado". O personagem é surpreendido por um acontecimento ocasionado pela chegada inesperada de um objeto, que irá causar enorme impacto, suspendendo momentaneamente o tempo do agir do personagem.

O acontecimento é um impacto somente entre um sujeito e um objeto. É um "objeto" não identificado que chega de repente, brusco, e toma de assalto o personagem, o pega de surpresa, pois ele esperava o esperado, o implicativo, mas chega o inesperado, o concessivo, e o abala terrivelmente. Por isso, ele precisa ser "concessivo", não estava previsto para acontecer, "mas" aconteceu.

O acontecimento extraordinário é concessivo, da ordem do sobrevir, daquilo que está acontecendo diferente do que estava previsto para acontecer.

O personagem, ao ser surpreendido por algo não esperado, sofre um forte e tenso impacto, um choque que atinge terrivelmente o seu corpo e seus sentidos. Paralisando o agir e deixando o personagem com seu sentir exposto, gerando danos e fraturas. Esse tipo de acontecimento subtrai o personagem do mundo inteligível e o joga no mundo sensível, do aparente para o imanente.

O personagem paralisa sua ação ao ser pego de surpresa, por causa da rapidez da chegada, sem dar-lhe tempo de "reconhecer" o objeto penetrante que o surpreendeu. Isso porque a chegada do inesperado é mais rápida e penetrante que a do esperado.

O impacto gera um esquema chamado de "intervalo", o núcleo do impacto, o momento em que essa troca do inteligível pelo sensível, que leva em conta o que o personagem sente quando inicia o acontecimento, quando ainda espera o esperado, e como ele sai do acontecimento, após a ocorrência violenta do inesperado sobre seus sentidos.

E estes acontecimentos podem ocorrer no personagem em decorrência das ações e também em forma de uma sensação. Os acontecimentos podem causar grandes abalos no plano da ação, e também no plano do sentir, sem necessidade de acontecimentos com grandes ações.

Quando o personagem sai do intervalo, do sufoco de não poder dominar seu mundo cognitivo, ele é tomado de uma "admiração" ou de uma "percepção" por este objeto que antes não tinha identificação. A admiração é o que cega e ilude o personagem impactado, e a percepção é o que clareia algo ainda não revelado no objeto.

Do ponto de vista das paixões dos personagens, a saída do intervalo ocasiona uma transformação no sentimento dos personagens. De tão intensos, esses acontecimentos, devido à sua chegada inesperada, causam "danos" e "fraturas" na alma dos personagens e permitem os "pontos de virada" em razão das mudanças que ocorreram no sofrer dos personagens durante a permanência desse impacto.

Essas viradas podem ocorrer através de uma grande e impactante ação, como também em pequenos acontecimentos, que são gigantescos apenas no sentir dos personagens, e ocorrem em forma de "sensação" nos personagens. É no esquema do acontecimento que aprendemos como tornar nossos personagens sensíveis.

Os acontecimentos extraordinários na narrativa têm a função de pontuar os graus de expectativas que antecedem a surpresa ao dar sentido a cenas que precisam ser tensas no momento certo, para dar sentido ao que a surpresa causou ao personagem.

Surpresa!

A semiótica do acontecimento pode ser chamada também de uma "semiótica da surpresa". O acontecimento, para ser especial e marcar o imaginário e a alma do personagem, precisa ser surpreendente. A surpresa é um choque que marca os personagens, que ficará na sua memória e até em sua alma, dependendo do impacto desta surpresa, às vezes para a vida inteira.

E o esquema da "surpresa" precisa do acontecimento extraordinário, tanto do ponto de vista do personagem que se surpreende, quanto do espectador, que precisa ser tocado por este sentimento inesperado do personagem diante de uma surpresa.

Os acontecimentos extraordinários se distinguem dos outros acontecimentos pela condição de serem "surpreendentes", que só causam surpresas se forem concessivos e não esperados.

Acontecimento de Cleo (Ponto de Virada)

Os acontecimentos são surpreendentes, porque são concessivos, não era para acontecerem mas aconteceram. A concessão é o que permite a surpresa de Cleo, diante de uma bebê em uma incubadora em "Roma", e de Arya, diante da morte violenta de seu pai. Os acontecimentos, em ambos os casos, foram intensos e concessivos, porque a boa surpresa sempre tensiona o personagem quando rompe com o esperado.

O acontecimento inesperado é concessivo, porque ele não estava previsto para acontecer, enquanto que, na espera do esperado, para o personagem, implica vir de surpresa o esperado, sendo o inesperado uma concessão do esperado.

O "choque" entre o esperado e o inesperado é chamado de "junção concessiva", porque o personagem pode gerar contratos que não deveriam existir. Mas eles criam assim mesmo, sem conhecer o objeto que atingiu a sua alma. Como é o caso da personagem Cleo, de "Roma", que terá várias sequencias no roteiro pontuadas por acontecimentos extraordinários.

Cena, no roteiro de "Roma", de Cleo na maternidade.

```
                                                          58.
CONTINUED:

La Señora Sofía asiente -

                         SEÑORA SOFÍA
                  Ay Margarita, mil gracias por
                  verla.

                         DOCTORA VÉLEZ
                  ¡N'ombre! Si ya la extrañaba,
                  ¿verdad, Cleo? Me voy…

Se despide de beso de la Señora Sofía -

                         DOCTORA VÉLEZ (CONT'D)
                  Adiós, Cleo. Nos vemos el mes que
                  viene para que te cheque.

                         CLEO
                  Sí, doctora. Gracias.

La Doctora Vélez se aleja por el pasillo. La Señora Sofía
voltea a ver a Cleo -

                         SEÑORA SOFÍA
                  ¿Cleo? ¿Por qué no vas al tercer
                  piso a ver a los bebés recién
                  nacidos mientras yo termino aquí
                  de platicar con el Doctor Zavala?

INT - MATERNIDAD - GINECOBSTETRICIA  -- DÍA

Docenas de cunas enfiladas, cada una de ellas con un bebé
recién nacido enrollado en su colchita.

Cleo los ve a través de la vitrina.

Unos duermen en calma y otros lloran con ansia.

Cuatro cunas proyectan fuertes luces sobre bebés con
antifaces, y a un lado -

En una INCUBADORA -

Un bebé prematuro, minúsculo y frágil. Está conectado a
tubos que apenas lo sujetan a la vida.

Cleo lo mira fascinada cuando -

Un gran bloque de yeso se desprende del techo y cae
encima de la incubadora casi cubriéndola por completo.

31 de diciembre de 1970, jueves.
```

No segundo ato de "Roma", quando Cleo está na maternidade para fazer exames e confirmar que está grávida, se vê diante de um pequeno bebê em uma incubadora, e é tomada de imediato por uma sensação de já ser mãe, ao sentir o próprio filho no ventre como se já tivesse nascido. Ela gera uma junção concessiva com o filho que ainda não nasceu, que precisará de um arranjo em forma de uma junção concessiva.

Nesta cena, para ficar forte, na centralidade do acontecimento, Cleo foi tirada de seu mundo do agir e jogada no mundo do sentir imediatamente, e sequer percebeu que, em sua volta, o mundo estava desmoronando. O acontecimento tensivo em Cleo ocorre ao mesmo tempo em que um terremoto abala todo o hospital, as pessoas entram em pânico e procuram se proteger. Menos Cleo, fora do mundo que se passava à sua volta, sugada por uma admiração.

Essa sensação que a pegou de surpresa, ela não esperava sentir, foi concessiva, porque ela ainda não é mãe, e quando um personagem troca a implicação pela concessão é sempre de forma arranjada como "junção concessiva" deste sujeito com o objeto. E só é possível em razão de que a penetração do inesperado é mais rápida que a do esperado e Cleo não teve tempo de pensar sobre o seu sentir.

O acontecimento extraordinário de Cleo foi acentuado com a inclusão de um terremoto após a versão final do roteiro. A inclusão do terremoto após o roteiro final segue o sentido de nossa teoria, e serviu para gerar no personagem a falta de noção do mundo cognitivo transtornado, para tensionar a personagem sendo sugada pelo acontecimento da sensação sem perceber o que se passava no acontecimento da ação, um acontecimento inesperado, mas não surpreendente, porque no lugar onde se passa o filme, o terremoto é uma ocorrência comum.

A ocorrência do terremoto, assim com as cruzes que surgem em seguida, ou a queda de uma caneca de bebida que se quebra em uma festa, fazem parte de um aspecto cultural de Cleo, de seus valores religiosos e sociais associados à morte, que no México é muito comum, funciona como um elemento que tensiona o sentir de Cleo. Mas não interfere em seu Programa Narrativo.

Para o filósofo e poeta Paul Valéry, a surpresa causa uma concessão no sujeito, quando se antecipa em reconhecer imediatamente um objeto impactante. A concessão é regida pelo "sobrevir", o futuro não previsto do futuro previsto e desejado, enquanto que, na implicação, regida pelo "pervir", os objetos já são esperados e conhecidos.

Na "admiração", o sujeito antecipa aquilo que "não é ainda" da ordem do objeto admirado, como "já sendo". Ele se apega ao objeto sem reconhecê-lo, mas para este sujeito ele já o reconhece, ele "já é" um objeto implicativo.

Na "percepção", o sujeito reconhece o objeto e antecipa uma percepção do que virá após o impacto, e não uma cegueira ilusória do sujeito diante do objeto não identificado, como faz a admiração.

Esquema da surpresa por Paul Valéry

Acontecimento (OBJETO)	Sobrevir (SUJEITO)
Já é	Não é ainda (Junção Concessiva)
Implicação	Concessão

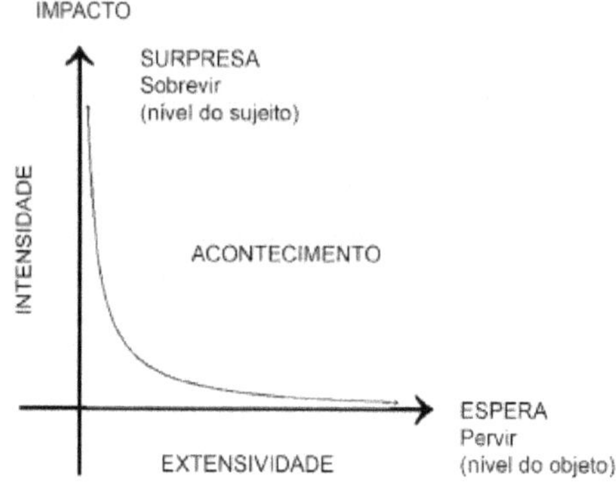

Para a personagem Cleo, quando está diante de um objeto admirado, um filho que ainda não nasceu, para sentir "já é" um filho, foi necessária uma junção concessiva, em razão do forte impacto e intensidade do objeto admirado.

Mais adiante estudaremos o efeito deste acontecimento na estrutura narrativa de "Roma", de como a cena de Cleo com o filho foi concessiva em razão de um "contrato" com seu namorado Fermín, para ter este filho, que irá se desfazer em breve, e, portanto, não era para Cleo antecipar aquele sentimento, mas ela antecipou.

Porque no segundo ato, na fase de manipulação, para que se atualize em sua jornada, seu filho vai nascer morto e Cleo será possuída de um grande arrependimento na sanção, no terceiro ato.

Acontecimentos implicativos e concessivos

No filme "Gravidade", de Alfonso Cuáron, sobre a luta de uma astronauta em missão no espaço, para conserto do telescópio Hubble, temos dois exemplos de acontecimentos que diferenciam o extraordinário do implicativo.

O trabalho da personagem Ryan Stone, logo no início do filme, no primeiro ato, em uma nave no espaço, é interrompido por um evento inesperado, através de um aviso de que uma estação espacial se desintegrou e sua estrutura viaja velozmente no espaço e irá atingir a sua nave.

Se havia objetos vindo ao seu encontro, isso implicava que eles chegariam e causariam danos à sua estação. Seria uma surpresa se eles não chegassem. Mas eles chegaram e destruíram a sua nave, matando seu companheiro, o veterano astronauta Matt Kowalski. Esses tipos de "acontecimentos previstos", nós identificamos como implicativos, porque é o que todo personagem em seu estado de espera gostaria que acontecesse ou não.

Mas quando a mesma personagem Ryan está em situação de quase-morte, já na fase de entrar na sanção de seu Programa Narrativo, não há mais esperanças de que possa retornar à Terra, a chegada do seu destinador Matt, o astronauta que já havia morrido, é um evento inesperado e concessivo.

A volta de alguém que morreu, estava em algum lugar do espaço e de repente reaparece, vivo, como se nada houvesse acontecido até então, causa um grande impacto em Ryan. Não era para acontecer, mas aconteceu.

A entrada de Matt na nave é impactante, luzes brilham muito forte. E, no centro do impacto, quando Ryan ainda não identificou Matt, há um grande silêncio, não há ruídos no filme, só luzes brilhando muito. O efeito é magnífico, de transformar uma cena simples em algo tenso. Quando Ryan sai do "branco" do acontecimento brusco e reconhece Matt, as luzes desaparecem e o som volta ao filme, no final do "intervalo". E ela volta diferente, com mais forças para viver.

A função desse acontecimento foi trazer o destinador Matt para convencê-la a voltar à Terra, ao invés de morrer no espaço, liquidando sua culpa pela morte da filha, o motivo para não querer mais lutar para viver. Após essa cena, Ryan desperta e Matt não estava na nave, nunca esteve, mas Ryan sentiu, da mesma forma, a sua "presença".

Tensionar a cena desta forma é uma ferramenta útil aos roteiristas diante de alguma dificuldade para gerar "tensão" onde às vezes nada acontece, utilizando-se desse esquema "concessivo" no núcleo do acontecimento.

O esquema do acontecimento também serve para medir o quanto um personagem entra com um sentir e sai deste intervalo com outro sentimento, especialmente se ele marcar um ponto de virada de um ato a outro.

Neste exemplo, a personagem Ryan precisa sancionar seu Programa Narrativo e agir para não morrer. E a concessão a transformou de uma pessoa que já tinha cedido suas forças para a morte em alguém lutando para viver.

O ponto de virada do segundo para o terceiro ato, da atualização para a realização, foi motivado por uma ação, mas também por uma emoção e um sentimento de voltar a viver, da liquidação da paixão da culpa pela perda da filha.

Estes acontecimentos, no início da jornada, ocasionam fraturas na alma dos personagens, danos em seu sentir, impelindo-os a uma liquidação deste dano, a uma perda de densidade do sofrimento que o dano causou.

O acontecimento de Arya

A jornada de vingança de Arya inicia-se a partir de um acontecimento extraordinário, ocorrido durante a morte de seu pai, e irá fazer muito sentido no desenvolvimento da série em várias temporadas.

O acontecimento extraordinário que ocasionou o desejo de vingança de Arya é desencadeado a partir de uma surpresa ocasionada por uma decepção, em razão da quebra de confiança. Não era para Ned ser morto, mas foi morto assim mesmo.

A morte de Ned Stark, pai de Arya, foi uma surpresa e uma concessão, porque ocorreu uma quebra do esperado, um rompimento de um acordo entre Ned e o Rei Joffrey, que deveria salvar a vida de Ned. Havia um acordo que implicava em dar liberdade a Ned, se ele confessasse sua culpa por traição.

A quebra de palavra de Joffrey ocorre após Ned assumir, para ter a vida poupada, que era um traidor e havia cogitado tomar o poder, mas se arrependia e reconhecia Joffrey como verdadeiro rei. Porém, na hora em que ele deveria perdoar Ned, Joffrey volta atrás em sua palavra e surpreende a todos mandando matar Ned.

O impacto em Arya ocorre em razão da quebra de confiança do que o Rei prometera, não matar Ned, e mandá-lo para a Muralha, para ser um patrulheiro da noite como castigo.

O núcleo do acontecimento é o momento em que Ned Stark é decapitado por ordem do Rei Joffrey, e pega Arya de surpresa, que sofre um forte impacto emocional. No momento do impacto, Arya fecha os olhos, tudo escurece e silencia, o mundo para por uns segundos. Quando o intervalo do acontecimento se encerra, Arya abre os olhos e vê pássaros voando no céu.

E quando volta ao mundo cognitivo, aos sons e ao drama à sua volta, já está transtornada e seu estado de espera havia mudado em razão de uma decepção. E o seu sentir também começa a mudar naquele instante até se transformar em ódio, em razão desse dano.

A curva do sensível

O acontecimento ocorre no personagem de duas formas. Em uma "intensidade" e em uma "extensidade", resultado de uma forte emoção no campo do sentir e um prolongamento no tempo de agir.

Chamamos de "intervalo" essa curva do personagem entre o agir e o sentir, que tem um tempo de duração, um começo e um fim, causado pelo impacto do objeto surpreendente.

O intervalo se inicia quando o personagem é surpreendido e só finaliza quando o personagem recobra o sentido, e volta ao mundo cognitivo. É o tempo transcorrido no plano da ação, do ser e do tempo, do ser retirado do tempo, onde o personagem "não pensa", apenas sente. Esse tempo, entre o susto e a recuperação, demonstra a hegemonia da surpresa sobre a personagem. Do sentir sobre o agir.

No gráfico, podemos expor, na curva do intervalo, a junção concessiva entre a "intensidade", onde estão os conteúdos afetivos, emocionais e sensíveis, e a "extensidade", o mundo das coisas, do tempo e dos objetos. Isso em razão, como já dissemos, do sentir, (estado de alma) reger o agir (estado de coisas), porque o sensível (imanente) rege o inteligível (o mundo das coisas).

Após um pico tensivo no acontecimento, o sujeito perde força, tonicidade, e se reestabelece do impacto em uma atonia e desaceleração causadas pelos tropeços inesperados do sobrevir. Dessa forma, um personagem absorve a surpresa inesperada em pico intenso, que perde força em forma extensiva, em uma curva de desaceleração, de um estado do sentir para o do agir.

Curva do intervalo

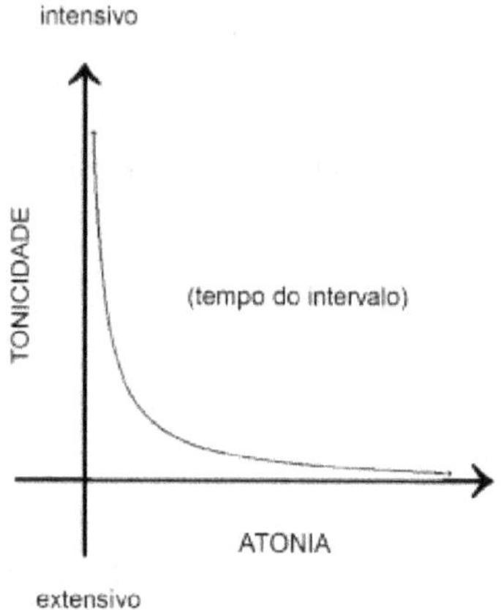

O retorno ao mundo cognitivo pode ser visto, muitas vezes, como uma necessidade quase imediata do personagem de recuperar o controle do seu agir. Cleo, na maternidade, durante sua forte sensação, expôs sua passionalidade em descontrole e precisou recuperar esse controle ao final do acontecimento extraordinário.

Cleo, aos poucos, vai percebendo que, durante sua sensação, ocorreu um terremoto, que o piso do hospital balançou, as luzes estouraram e o teto desabou. Sua recuperação dos sentidos é lenta, porque ela não quer se desgarrar do seu mundo do sentir que lhe sugou e a jogou em conjunção com um filho imaginário.

Por isso, não se protege como as outras pessoas que estavam em "pânico" no hospital, em razão dessa desaceleração no plano do sentir. Nenhuma ocorrência do mundo dos objetos, do mundo das coisas, abalou Cleo. Da mesma forma que o som altíssimo de uma "fanfarra" não tirou a atenção de Sofia diante de uma "percepção" que paralisou o seu agir.

A recomposição da temporalidade de Cleo, assim como a de Sofia, está condicionada à desaceleração e à atonização causada pelo sobrevir, ou seja, ao retorno daquela atitude que o acontecimento suspendeu momentaneamente, antes do impacto do imprevisto.

Ao final do intervalo, o personagem recupera o controle do agir, mas alguma coisa ficou durante essa exposição do ser, uma fratura em sua alma, um dano que precisa ser liquidado, em um programa de realização de liquidação deste dano.

Esquema da admiração e percepção

Agora, vamos a um novo esquema do acontecimento extraordinário, no plano da estrutura da narrativa, para mostrar como uma paixão se transforma e causa efeito afetivo no personagem, após um acontecimento extraordinário.

A surpresa pode resultar tanto em uma admiração como em uma percepção, dependendo do estado de alma do personagem, anterior aos acontecimentos.

Após o núcleo do acontecimento que fere a alma do personagem, o mesmo sai deste intervalo com sentimentos, como raiva, rancor, aflição, que podem resultar em paixões, como a vingança ou em estado calmo e de serenidade.

Mas o personagem sempre estará tenso no acontecimento ou por uma admiração ou por uma percepção, o núcleo central da surpresa, em razão de um sentimento não esperado, proveniente de uma admiração ou decepção, um casamento na igreja ou um plano de vingança.

Espera → Surpresa/Intervalo → Admiração/Percepção → Paixão → Sentimento

O acontecimento extraordinário que ocorreu, quando Cleo estava diante de um bebê em uma incubadora à espera do esperado filho, foi uma surpresa que resultou em uma admiração. Quando acaba o primeiro ato e Cleo é abandonada por Fermín, esta admiração sentida na maternidade irá gerar uma paixão de "culpa" que resulta em um sentimento de arrependimento.

Assim como o acontecimento de Sofia, diante do marido partindo com suas malas, foi sair de um estado de espera por uma surpresa em forma de percepção, que desencadeará uma onda de furor (mesmo que apenas danificando o carro do marido), raiva, ao brigar com os filhos, em razão da percepção do "contrato quebrado" com o marido.

Como o objeto penetrante cega o personagem em seu estado de espera, quando ele recobra a cognição com o mundo das coisas, ele pode se iludir, diante de um objeto admirado, se desiludir, diante de uma percepção de uma verdade que estava escondida.

Em uma sequência de Cleo com o namorado Fermín, em um quarto de hotel, quando faz o contrato para ter um filho, ela é surpreendida pela performance do namorado, fazendo demonstração física para impressionar, se transformando em um objeto radiante que tira toda a cognição de Cleo. Fermín foi um objeto conjuntivo, não causou estranheza, como se Cleo não estivesse diante de uma surpresa.

Esse tipo de admiração é muito comum na fase dos contratos, quando os personagens ainda não reconheceram de que de fato se trata o objeto ilusório. Demorou para que Cleo se desiludisse de Fermín e transferisse essa admiração para uma criança que estava em seu ventre, um filho que deveria ter nascido vivo, mas não nasceu.

A admiração de Cleo por Fermín perde o brilho e passa para uma decepção, que irá atingir a sua admiração pelo filho, que também sofrerá uma queda e perda de efeito do brilho da admiração.

O filósofo René Descartes, em "Paixões da Alma", elege a "admiração" como sendo uma das paixões mais perigosas, que mais pode abalar o personagem, por não reconhecer no objeto as suas contradições. Para Descartes, a admiração retira a noção do personagem de autoproteção, se esse objeto admirado é conveniente ou não.

Já na "percepção", um sentir que atinge o sistema nervoso dos sujeitos, que faz par, na semiótica, com a admiração, existe um acúmulo de tensões, decorrente de um acúmulo de acontecimentos que pareciam que não vinham causando efeito no personagem, até que ele é surpreendido com uma verdade.

Ocorre desta forma com Sofia, no acontecimento que marca a passagem do primeiro ato para o segundo, de sua virtualização para uma atualização, ao perceber o fim do seu relacionamento com o marido, no plano do sensível.

Sua paralisação ocorre em decorrência de um sentir imperceptível de uma quebra de admiração, como a de Jon Snow com relação à sua amada mãe dos dragões antes de matá-la.

Janela da alma (Acontecimento de Sofia)

A sensação ainda é a forma mais comum de nos sensibilizarmos diante das coisas do mundo. A cena do filme "Roma" que marca a passagem do primeiro ato para o segundo ato, também ocorre em forma de uma sensação sentida por Sofia, em forma de um acontecimento extraordinário.

A cena do acontecimento de Sofia tem início na rua em frente à sua casa, quando ela se despede do marido, que está partindo de carro em uma viagem para o Canadá. Na despedida, Sofia abraça e beija o marido que reage com frieza, entra no carro e sai sem se importar com seus carinhos.

Sofia acompanha o carro partir com o olhar e caminha hipnotizada até o meio da rua, mantendo seu olhar para o carro sumindo no meio de uma barulhenta fanfarra que vem pela rua, e que ela não percebe. Está tomada por um acontecimento que lhe tirou a cognição com o mundo dos objetos.

O núcleo do acontecimento ocorre quando a fanfarra, com dezenas de integrantes tocando instrumentos musicais, tambores, tubas e cornetas, passa de um lado e do outro de Sofia e ela não os ouve e não se move, e permanece olhando para o infinito.

Em poucos segundos, a fanfarra passa e Sofia recobra os sentidos do agir. Quando ela se volta para a calçada, onde se contra Cleo e o garoto Pepe, já está transtornada e transformada. Briga com Cleo e com o garoto, com uma irritação que até então não existia.

Neste acontecimento, que tirou a noção do tempo e do mundo à sua volta e a jogou no mundo do sentir, Sofia, ao contrário de Cleo que teve uma "admiração", teve uma "percepção" de que seu arranjo contratual com o marido já havia sido rompido. Na percepção, o que está em jogo no sentir do personagem é o reconhecimento do objeto em forma de clareza, de uma quebra da ilusão causada pela admiração.

Esse tipo de acontecimento é colocado como surpresa em razão do contrato de Sofia, ocorrido durante todo o primeiro ato, no qual ela parecia feliz ao lado do marido e dos filhos, com todos juntos à noite diante da televisão. O retrato perfeito de uma família feliz.

Quando o marido aparece agindo nesta cena na rua, é para mostrar que o contrato entre eles não era mais de felicidade como aparentava. E Sofia demonstra que não está satisfeita com este tipo de ação tensiva apenas no sentir.

A percepção de Sofia veio em forma de sensação, e corpórea, porque o corpo também sente. Sofia sente a mesma sensação de Cleo diante de seu filho imaginário. Porque a sensação é a janela por onde a alma se alimenta e sofre.

Arranjos concessivos

Mas a admiração pode ser percebida de forma mais clara e obrigatória nos contratos, quando ainda não estão previstos os arranjos e as manipulações.

Os contratos concessivos devem conter um "mas" ou um "porém", em suas regras, que deverão causar surpresas se for levada em conta a sua concessão ainda na fase inicial dos arranjos.

Não era para Cleo ter expectativas boas com Fermín, "mas" ela teve. Não era para Sansa se encantar por Joffrey, mas ela se encantou. Não era para Jon Snow se apaixonar por Daenerys, mas ele se apaixonou. Não era para Sofia ter esperanças com o marido, mas ela ainda teve.

No primeiro episódio de GOT, quando Sansa Stark vê o príncipe Joffrey Lannister pela primeira vez, se encanta apenas com a troca de olhares. Sansa é tomada de uma admiração e se encanta pela beleza do príncipe, sem a percepção de que ele poderia ser um objeto diferente do que aparentava.

Quando Jon Snow conhece Daenerys, ele é tomado por uma admiração por sua beleza, que o cega diante dos conselhos dos amigos de que ela era uma pessoa diferente do que aparentava, e o atraia.

Esse arranjo concessivo entre Jon Snow, o Rei do Norte, e Daenerys, a Mãe dos Dragões, tem uma sanção julgadora da verdade em forma de percepção para Snow, um reconhecimento do objeto, de que não seria apenas uma concessão que faria mudar a sua inclinação de incendiária.

Jon Snow, em sua admiração, não levou em conta essa implicação, "filha de incendiário, incendiária é", e somente na sanção Jon tem a percepção de que realmente Daenerys era uma incendiária. Percebe que fez um péssimo contrato e que o seu arranjo não deu certo. Então, sua percepção se transforma no fim doloroso de uma admiração. E ele a mata.

V. DANO E FRATURA

O resultado do impacto no personagem, após o acontecimento extraordinário, chamamos de "dano", aquilo que foi danificado no sentir do personagem e que abriu uma "fratura" em sua alma em forma de sofrimento. O dano é um esquema da ordem da estrutura do personagem, mas resultado do impacto danoso que o personagem sofreu durante a chegada da surpresa.

O dano, no nível da estrutura da narrativa, opera em uma camada invisível das ações dos personagens, que, dentro de um Programa Narrativo, desenvolve o desejo de liquidar a "falta" que este dano causou. O dano é o que motiva a execução de uma jornada com seu contrato, manipulação e sanção, que vai do acontecimento do dano à sua liquidação.

O dano pode ser traduzido, muitas vezes, diretamente como sendo o sofrimento de um personagem, especialmente se ele estiver em um Programa Narrativo de vingança, onde o personagem, para fechar sua fratura, precisará liquidar a falta que o dano lhe causou, mas também o seu "ódio", causador do sofrimento de quem sente o desejo de vingança.

O esquema do dano tem origem na jornada do herói, ainda na primeira fase da narrativa desenvolvida por Vladimir Propp, a partir de seu estudo das fábulas russas. O dano podia ser o rapto da princesa e a jornada do herói seria resgatar a princesa, desmascarar o vilão e reparar o dano que seu raptor causou à sua família.

Já a fratura foi descrita por Greimas, em sua obra "Da Imperfeição", como sendo imperceptível, e pode ser observada em pequenos acontecimentos em forma de sensação, que abalam o personagem, causando tumulto à sua alma e sofrimento ao seu sentir, obrigando o personagem a liquidar essa fratura com uma potencialização de sua alma.

A liquidação do dano, em um percurso de vingança, precisa ocorrer de duas formas, reparando o prejuízo causado ao personagem, do ponto de vista do objeto perdido, como também uma liquidação do ódio que causou a busca pela vingança.

O personagem da vingança liquida o dano matando os seus malfeitores e fecha a fratura aberta liquidando o ódio, o sentimento causador do sofrimento do vingador.

Cleo, em "Roma", sofre uma fratura em sua alma a partir de uma forte admiração sentida em forma de sensação por um filho ainda por existir. O seu sentir somente gerou uma fratura, porque seu filho não nasceu.

O dano que abriu esta fratura não foi a perda do filho, mas o sentimento de que ela gostaria que ele não tivesse nascido. Na sanção, quando todos esperam que o dano teria sido a morte do seu filho, Cleo surpreende, quando salva os filhos de Sofia, dizendo que seu dano foi ter desejado que a criança morresse.

O dano ocorreu em razão de um sentir de Cleo, não em decorrência de uma ação do mundo dos objetos, mas de um sentimento sentido no passado e que lhe marcou a alma, e que lhe atormentava mais que o drama da morte dos filhos de Sofia. Esse é o famoso dano invisível.

Os quebrados de "Game of Thrones"

O esquema do dano é largamente usado em toda boa série ou filme. Em "Game of Thrones", existe um grupo de personagens chamado de "quebrados", que são aqueles cujos danos estão expostos e bem visíveis. Essa referência está ligada ao personagem Bran Stark, "o quebrado", que tem paralisia nas pernas devido a uma queda. Seu dano é físico e bem visível.

Faz parte do grupo dos quebrados os personagens com danos físicos, como o de Tyrion Lannister, apelidado de Duende, cujo dano é ser pequeno, chamado de aberração, e o do gordinho Sam, o patrulheiro da noite, que tem sobrepeso e incapacidade para lutar.

O dano de Arya que a joga no campo dos quebrados é ser pequena, com feições rústicas do povo do Norte, terra de seu pai Ned Stark, o oposto de sua irmã Sansa, uma princesa loira e linda. Por isso, seu contrato afetivo é mais forte com o seu meio-irmão Jon Snow, um rebelde como ela.

Todos os personagens têm danos, independente de quebrados ou não. Em comum, todos os quebrados têm um sofrer intenso, o dano está também na alma e não somente no físico.

O dano de Cersei, a rainha má, foi a morte da mãe, e o culpado é o irmão Tyrion Lannister. Sua fratura, que se transformou em ódio do irmão, motivou as várias tentativas de matá-lo. Assim como Sansa, que sofrerá inúmeros danos após o seu contrato com Mindinho.

A fratura de Jon Snow não é física, mas é um dano na alma que o joga no grupo dos quebrados, da mesma forma que sua irmã Arya. O dano de Jon Snow não é visível porque está na sua alma, originado pelo fato de ser um "bastardo". Ser bastardo, nos valores que circulam entre os personagens da série, é ser excluído da sociedade e das famílias.

Os personagens, com seus danos visíveis ou invisíveis, precisaram passar por alguma fase da narrativa para ganhar competência e liquidar a falta que este dano causou, seja ele físico ou na alma, mas os quebrados têm vantagens nesse tipo de jornada.

É que, em "Game of Thrones", os "quebrados" iniciam sua jornada como perdedores e, no final da série, tornam-se vencedores. O arco dos personagens pelo dano fica mais claro, quando a sua jornada é marcada por heróis motivados por este tipo de dano. Quem sobreviverá, ao final da jornada, são esses quebrados, os anti-heróis que ninguém apostava que venceriam no final.

O sofrimento em "Westworld"

Do ponto de vista do efeito do dano no personagem, "dano e sofrimento" têm o mesmo sentido na existência de um personagem, em seu Programa Narrativo e Simulacro Existencial, como sendo a condição para o sentido que gera a alma deste personagem.

Na série "Westworld" (HBO, 2017), o dano e a fratura dos personagens são uma condição para que as máquinas, que são idênticas a humanos e vivenciam experiências com humanos em um grande parque de fantasias, ganhem almas em forma de um sofrimento implantado.

E, para ter esse sofrimento, os roteiristas implantam danos na memória dos personagens para que se sintam "vivos". No enredo da série, as máquinas seguem roteiros pré-estabelecidos por escritores, até que elas se revoltam e querem elas mesmas determinar o seu destino.

O personagem Bernard, que é uma máquina perfeita, imita os humanos com grande perfeição, até que descobre que tem uma consciência e um sofrimento, mas é um robô. Para que a máquina se sentisse imperfeita como os humanos, foi introduzido um severo dano em suas memórias, para que isso gerasse alguma forma de sofrimento.

O sofrimento de Bernard é ocasionado por uma culpa pela morte do filho. Essa memória é recorrente em Bernard, assim como ocorre com a personagem Maeve, que perdeu a filha e tem o mesmo tipo de sofrimento.

No final da primeira temporada, é colocada aos robôs a possibilidade de ficarem sem esse dano e, assim, sem o sofrimento que lhe afligem, mas as máquinas a recusam. Não abrem mão do sofrimento, e trocam uma vida de perfeição, totalmente implicativa e previsível, por uma vida de sofrimento e imperfeição.

A condição para que os robôs tenham alma é sentir o sofrimento e assim ser sensível diante do sofrimento dos outros. O sentir que representa o sofrimento sensibiliza o sujeito e o objeto e gera tensões na narrativa e no espectador.

O sofrimento é causa da nossa imperfeição, e a busca pela perfeição é uma busca também por concessão da nossa vida imperfeita. Porque perfeito é somente Deus, porque não sofre. Abaixo de Deus, todos sofrem. Nós sofremos, portanto, somos imperfeitos.

Super-heróis também sofrem

O que torna um herói um super-herói é o seu sofrimento a partir de um dano. A marca de um super-herói é o seu dano, no entanto, seu sofrimento é desvirtuado para o lado pessoal do personagem, que poderia ocorrer em uma vingança pessoal, em um papel social, no qual o sofrimento do mundo seria tão grande quanto o seu.

Os super-heróis da cultura pop americana, Superman, Hulk, Homem-Aranha são imperfeitos, de outro modo seriam deuses, por seus grandes poderes.

A fratura na alma do Superman é imensa por causa de sua origem, um outro planeta, o que torna impossível um Programa Narrativo da busca pela felicidade, através da perda do sofrimento. Seu dano visível é ter o corpo de aço, uma estrutura física indestrutível, superior à dos seres humanos.

O dano do Batman é ocasionado pela morte dos pais, quando ele tinha dez anos, potencializado por sua inclinação para a loucura, incluindo longas internações em um asilo para loucos de Ghotan City, chamado de Arkhan Asylun, o que o impede de manter também seus contratos afetivos em razão da sua loucura.

O Hulk e o Homem-Aranha têm seus danos ocasionados por "químicas no corpo", que os transformam em pessoas mais fortes e poderosas, mesmo que sob uma máscara, mas esse dano impede os personagens de levarem adiante seus contratos afetivos.

O que diferencia os Programas Narrativos destes super-heróis é que seu sofrimento é voltado para causas maiores, como defender a honra, a liberdade, a vida e o próprio planeta de invasores interplanetários. Suas fraturas afetivas, que poderiam ser causadoras de suas ações, são transferidas para os danos causados por grandes vilões, fortes o suficiente para gerar grandes antiprogramas narrativos.

Os heróis executam Programas Narrativos em razão dos danos provocados pelos antiprogramas narrativos de grandes vilões. Os vilões de Batman são todos ex-internos do Arkhan Asylun. É assim em os "Vingadores" e toda a sua saga de heróis para evitar os danos causados por grandes vilões que querem não só destruir a Terra, mas o universo. Os Programas Narrativos destes super-heróis não incluem a liquidação de sua fratura e do dano à sua alma.

Um dos arquétipos dos heróis da Disney é a ocultação deste dano por uma solução concessiva, em que a falta de algo que cause uma fratura no personagem pode ser resolvida pulando etapas, conseguindo alguma coisa para substituir o que o dano destruiu sem liquidá-lo de fato.

Em "Big Hero", esse arquétipo da jornada do herói ocorre com um dano a um garoto com a morte repentina do irmão que irá causar uma "falta" enorme. O Programa Narrativo de liquidação do sentimento de abandono e aflição do garoto com o futuro é substituído por um "robô" programado pelo irmão, que passa a lhe dar afeto e atenção. E se torna seu destinador de força e esperteza para passar da fase de criança para a adulta.

A fratura de Jon Snow

Os roteiristas de "Game of Thrones" intensificaram, no piloto da série, no primeiro episódio da primeira temporada, a fratura de Jon Snow, um herói destinado pelo povo, em três sequências, como forma de deixar evidente o poder desse dano para essa condição de sofrimento do personagem. As três aparições de Jon, neste primeiro episódio, são para assegurar que o espectador tenha se sensibilizado com o seu dano, e sofra junto com o personagem.

De três maneiras diferentes é mostrado como essa fratura exposta foi gerada em razão do sentimento de revolta e amargura por ele ser um bastardo, um excluído e um "ninguém", nos valores que circulam entre os personagens da série.

Já na primeira aparição de Jon Snow, no foco de seu Programa Narrativo, quando encontram uma loba gigante morta e seus seis filhotes ainda vivos, a partilha dos filhotes é usada para mostrar a sua condição de bastardo. Seu pai, Ned Stark, Lord de Winterfell e Guardião do Norte, distribui os lobos aos seus cinco filhos e resta um lobinho esquecido junto à mãe que é dado a Jon como uma sobra.

Inicia com esta cena o processo de mostrar que Jon não fazia parte da família: os filhos legítimos de Ned Stark têm o nome de Stark, e somente Jon é Snow, devido à sua condição de bastardo e excluído da sua própria família.

A segunda sequência acontece no pátio do castelo de Winterfell, quando há uma festa na casa de Jon em homenagem à visita da Rainha Cersei e o Rei Robert, irmão de Ned, em que já aparece o seu sentimento de revolta por ser um excluído. Durante a festa, todos se divertem, menos Jon, ausente a pedido da madrasta Catelyn Stark, para não constranger a rainha Cersei com a presença de um bastardo à sua mesa.

Do lado de fora da festa, Jon Snow treina enfurecido com sua espada, ao lado de seu lobo branco Ghost, quando o seu tio Benjen chega de surpresa e

Jon relata a sua revolta por não poder fazer parte de sua família.

Em razão desta revolta, Jon pede para que Benjen o leve com ele para a Muralha, o lugar mais ermo e perigoso de todos os sete reinos, para ser um Patrulheiro da Noite, uma honraria que proíbe seus integrantes de manter relações com mulheres e os obriga a nunca mais abandonar a patrulha, só quando morrerem. Tomado pela amargura, Jon aceita ser patrulheiro para demonstrar seu descontentamento com a sua família e a do rei.

A terceira sequência ocorre quando Jon encontra Tyrion Lannister, o anão irmão da Rainha Cersei. Como um destinador persuasivo, Tyrion o provoca e o convence a usar esse ressentimento em relação à sua madrasta Catelyn como uma força e não como um defeito negativo, assim como ele mesmo reage com os que o discriminam e o chamam de Duende, e a não deixar que essa revolta por ser um bastardo o transforme em um perdedor.

É um tipo de recado passado por outro personagem para mostrar como nasce a sua revolta.

O Programa Narrativo principal de Jon, para liquidar sua falta no campo do sentir, se inicia a partir deste dano, que não foi ocasionada na narrativa em forma de um acontecimento extraordinário. Mas de um estado de ser que ele rejeita, uma condição de existência recusada que gera a sua fratura.

Os Programas Narrativos paralelos com Ygritte, a selvagem, e com Daenerys, a mãe dos dragões, serão movidos, em sua estrutura invisível, por essas paixões decorrentes da revolta que aprisiona sua alma.

Esta fratura de Jon irá inflar, ganhar intensidade, e o seu sentimento de amargura e revolta que o transformará em um rebelde é tão forte quanto o sentimento de ódio de Arya ao se transformar em desejo de vingança.

Em seu Programa Narrativo de liquidação desta falta para a reparação deste dano, Jon precisará de saber e poder para domar os impulsos da rebeldia e da honestidade, tornar-se mais astuto, e não sentir mais a amargura e a revolta após a liquidação da sua fratura no final de sua jornada junto com os seus amigos selvagens.

PARTE 2

I. AS PAIXÕES NOS PERSONAGENS

As próprias paixões também se colocam na narrativa em forma de esquemas, seja da forma como afetam os personagens, seja como esses sentimentos se transformam de uma hora para outra. Como um sujeito calmo e tranquilo pode ser tomado por um repentino sentimento de intranquilidade e fúria?

Utilizamos dois esquemas para adequar as paixões na narrativa no nível do personagem e no nível da estrutura.

Um esquema é utilizado para medir a "intensidade" e a "extensidade" desta paixão, o quanto de intensidade abala o personagem e o "tempo de permanência" dessa paixão no personagem.

O outro esquema serve para demonstrar a "mudança de estado" de um personagem que, afetado por essas paixões, se transforma, de um estado calmo a colérico, por exemplo.

Um esquema para medirmos o grau de tensividade e as transformações do sentir dos personagens, especialmente quando estiverem passando pelos abalos dos acontecimentos extraordinários.

As paixões podem ser concebidas nos personagens de forma tensiva, mais impactante como da "fúria", e menos impactante como o "tédio", e temporalizada, que remete ao passado, como o "remorso", ao presente, como a "ira", e ao futuro, como o "medo".

O efeito do sentir "culpa", "remorso" e "mágoa" nos personagens está voltado a eventos ocorridos no passado, enquanto que "temor", "medo", "aflição" e "angústia" estão voltados ao futuro, em eventos temidos que ainda não aconteceram, concerne ao não começado, ao sobrevir.

Por isso, remorso diz de uma ação acabada no passado, como acontece com Cleo, em "Roma", em sua sanção, no final da sua jornada, ao sentir remorso e arrependimento por ter desejado a morte do filho ainda no ventre.

Por sua duração, o tempo de permanência pode ser curto, como a "raiva", longo, como o "rancor", ou permanente, como é o caso do "tédio" e da "melancolia".

Paixões intensas, como a cólera, e extensas, como o tédio, possuem forças e potências que tensionam os personagens e sensibilizam a narrativa, porque todo personagem será interpretado por um ator, que estará em cena tensionado por alguma paixão.

Quanto à potência de uma paixão no personagem, há uma "curva entre a intensidade e a extensidade" desta paixão que mede o quanto ela é forte no personagem e o tempo que ela permanecesse regendo as suas ações.

O efeito da ira e da cólera é instantâneo, porém muito intenso, de modo a retirar o personagem de seu mundo cognitivo e jogá-lo no mundo do sentir. Seu efeito é uma explosão repentina, uma fúria incontrolável, forte e breve, que perde sua força rapidamente e desaparece.

O tédio e a melancolia, por outro lado, são paixões com efeitos menos intensos, porém permanecem por um tempo indeterminado nos personagens.

E a "vingança" é o efeito de um ódio intenso, e precisa de um tempo para que esse desejo de vingar-se se realize. É uma paixão que requer tempo e planejamento para ser executada. Seu efeito no personagem decorre de um acúmulo de tensão, havendo uma transformação do sentir entre o incontrolável e o controlável.

Medo de quê?

O efeito das paixões do "medo" e do "pavor" está relacionado a uma antecipação do pervir, daquilo que está por vir e que pode pegar o personagem de surpresa. Por isso, ele sente medo e se apavora.

Uma das formas de mostrarmos os efeitos de uma paixão nos personagens, como o medo, é levar esta paixão ao quadrado semiótico, para observarmos suas variações e qual delas se adapta ao personagem que está sendo criado pelo roteirista.

Na narrativa, podemos observar que o medo é um sentir "presente", do momento, chega e desaparece como em ondas, e ocorre como decorrência de uma falta de competência de um personagem de não-poder-sentir esse medo, um tipo de paixão que só existe por antecipação e que destrói de antemão o destino de muitos personagens.

O medo se coloca entre um estado de "firmeza" de um personagem e um estado de "inquietação", que virá em razão deste medo. O medo se caracteriza, principalmente, pela inquietação ocasionada pela ausência de firmeza, só alcançada por um personagem sereno, que não se abala facilmente.

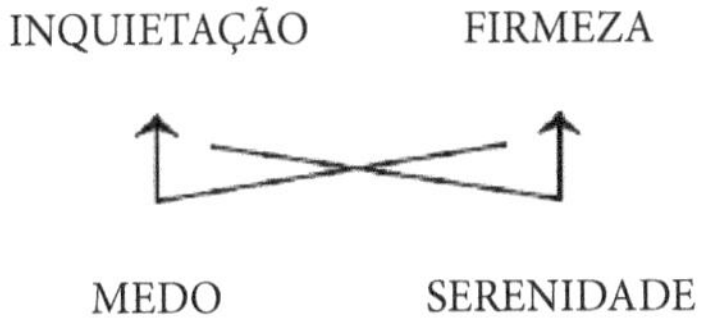

INQUIETAÇÃO: Agitação decorrente do temor
FIRMEZA: Qualidade de quem não se abala
MEDO: Emoção decorrente da tomada de consciência do perigo
SERENIDADE: Estado tranquilo e sem agitação

Se o medo pode ser um efeito de sentido em decorrência de outros fatores, como serenidade, inquietação e firmeza, com relação ao pervir, o ódio e o rancor, do ponto de vista da temporalidade, são mais extensos do que a raiva, porque o efeito do medo e da raiva é passageiro, mas o efeito do ódio permanece um longo tempo no personagem.

Em uma escala temporal, a ira é pontual como o medo, os dois são paralisantes, enquanto que o rancor e o ódio são duradouros e causam outros efeitos negativos nos personagens, como o desejo de vingança.

Esquema da paixão

Essas paixões operam no personagem através de um esquema sobre as transformações das paixões e do sentir dos personagens em suas ações, a partir de um estado de "espera". O personagem pode estar em estado de espera totalmente tomado pelo medo, ódio, aflição, admiração, quando é tocado por uma emoção.

O personagem, na função de "espera", ao ser surpreendido por um objeto que lhe causa uma emoção, e o retira de seu estado de felicidade ou de infelicidade, e influenciado por uma inclinação relacionada aos valores do personagem, é jogado em uma paixão sob forma de ambição, ódio, ciúmes, que pode finalmente causar no personagem um sentimento de revolta e vingança, ou de tédio e melancolia.

Espera → Emoção → Inclinação → Paixão → Sentimento

Neste esquema, é possível perceber o arco do sentir em um personagem, a saída de um personagem de um estado calmo a um estado explosivo, e de um estado explosivo para uma vingança executada calmamente.

A paixão da revolta nasce em Jon Snow pelo fato dele ser um bastardo e opera em seu percurso a partir do momento em que sai de seu estado de espera por uma forte emoção diante da rejeição das outras pessoas.

Durante a visita dos reis de Porto Real a Winterfell, Jon é afetado em seu sentir e sai de seu estado de satisfação para um estado de insatisfação, a partir de uma emoção do desprezo, quando sua madrasta o exclui de sua própria família durante a visita real.

Como Jon tem uma inclinação para a luta, quer ser um guerreiro, aceita entrar na Patrulha da Noite movido pela paixão da raiva, revolta e da rebeldia, acometido de um sentimento de amargura e solidão, em razão de sua exclusão entre seus entes.

Os sentimentos que geram a revolta, como os de Jon, são característicos dos personagens rebeldes. Os personagens rebeldes têm como características desafiar seus destinadores.

No Programa Narrativo de Arya, ela parte para sua vingança ao ser tirada de um estado de espera por um acontecimento extraordinário que lhe causou forte emoção, ao ponto de perder a noção do tempo. Devido à sua inclinação para a luta, para a rebeldia, como seu irmão Jon, ela é acometida por uma grande revolta que culminará no ódio desencadeador de um sentimento de vingança.

A babá Cleo, em seu percurso amoroso com Fermín, deixa o seu estado de espera e felicidade ao ser acometida por uma emoção em forma de admiração, e devido à sua inclinação para ser mãe, é acometida por uma frustração e decepção ao perceber que o namorado não a quer, e ela perde o filho, resultando em um sentimento de culpa e remorso em sua sanção.

Paixão da Cólera

A ira, o furor e a cólera ocorrem quando o personagem não tem mais controle de seus atos, de suas ações. Podem ser ocasionadas por uma quebra de confiança ou por um estado de decepção ou de insatisfação, que leva o personagem a sair de repente de um estado calmo para um estado explosivo.

A cólera é um tipo de paixão de maior intensidade, com um pico muito alto e de pouca duração, e uma desaceleração tão rápida quanto foi a sua aceleração de um estado calmo a colérico.

Para um personagem agir com fúria, é preciso que ele tenha passado por alguns estágios anteriores à agressividade. Tirado de uma espera por uma emoção ou acontecimento, sua explosão decorre da inclinação deste personagem para a fúria, e de sua falta de competência para controlar as emoções.

Esquema da cólera

Confiança → Espera → Frustração → Descontentamento → Agressividade → Explosão

Um dos melhores exemplos para ilustrar esse tipo de paixão agindo no personagem é o filme "Relatos Selvagens", de Damián Szifron, por se tratar de uma obra composta por seis curtas-metragens baseados exatamente na paixão da cólera. Seus personagens têm sua lógica na narrativa, porque agem de acordo com o nosso esquema.

No episódio sobre o senhor "Bombita", um homem que trabalha com explosivos, o personagem sai de um estado calmo, quando vai comprar um bolo para o aniversário da filha, para um estado colérico, quando é multado e guinchado por estacionar em local proibido enquanto comprava o bolo.

Inconformado com a multa, ele protesta e recebe em troca mais indiferença e acaba explodindo e arrebentando os vidros do escritório da empresa que guinchou seu carro.

O esquema da agressividade está relacionado à inclinação de Bombita para a explosão, que ocorreu logo após uma frustração devido à quebra de confiança no Estado que o representa. Ele explode contra o sistema social que deveria protegê-lo.

Essa decepção, que o leva da frustração à explosão, ocorre em um encadeamento que implica uma diversidade de motivos, do contrato à sanção. Sua curva afetiva faz parte de um encadeamento formado por uma série de razões.

Um personagem explode em razão de sua agressividade e é agressivo em razão de seu descontentamento. Ele está descontente em razão de sua decepção e está decepcionado em razão do que ele esperava. Enfim, ele esperava em razão do que lhe haviam prometido ou da expectativa criada por outros ou por ele próprio.

O clássico "Um Dia de Fúria" (Falling Down, 1993), com o enfurecido Michel Douglas, é baseado no desencadeamento de uma decepção que resultou em uma frustração, em uma ação enfurecida pela falta de crença na justiça e nas pessoas.

Ao perder o emprego, a mulher e a filha, um homem se desespera e, acometido por uma fúria no dia do aniversário de sua filha, elimina todos que lhe causam algum tipo de frustração ou decepção, de um comerciante ao um grupo de neonazistas.

Algumas explosões de fúria são menos dramáticas, às vezes, até sutis. A personagem Sofia, em "Roma", ao dirigir o carro do marido que a abandonou por outra mulher mais jovem, em uma longa avenida, acaba sendo acometida por um sentimento de fúria.

Sofia dirige o automóvel do marido em companhia de Cleo em uma longa avenida, com poucos carros transitando. Ao parar em cruzamento com o sinal vermelho, Sofia, ao invés de parar, entra com o carro entre dois caminhões, propositadamente, como um pequeno ato de fúria contra o marido, arranhando o carro nos dois lados. Um pequeno descontrole emocional em forma de fúria.

O marido, no filme, é simbolizado pelo carro, e Sofia não se conteve e danificou o objeto que a faz sofrer, danificou o que lhe causou um dano. Sua fúria decorre de uma frustração diante de um contrato desfeito, da decepção por um objeto que um dia foi de admiração.

Mas nem todas as frustrações terminam com uma explosão de cólera. Algumas levam ao desespero ou a simples e duráveis descontentamentos; enquanto outras, ainda, serão compensadas por contra-estratégias de vingança ou de represália, quando o sujeito retém a imediata explosão da cólera. E há mais algumas que podem resultar em estado de tédio e melancolia.

Esquema da Vingança

Arco: Espera →   Emoção   → Inclinação → Paixão → Sentimento
                 (acontecimento)   (ódio)   (vingança)

O que ocorre ao senhor Bombita, no filme "Relatos Selvagens", quando ele destrói o gabinete do estacionamento para onde o seu carro foi levado após ser guinchado? Ele transforma aquela fúria e revolta em ódio e rancor, gerando mais uma transformação em seu sentir quando é acometido por um desejo de vingança.

Após esse incidente, ao invés de fúria, seu Bombita age sob o véu do disfarce do vingador, escondendo sua indignação e revolta para poder vingar-se. No momento de sua vingança, Bombita está tomando seu café tranquilamente, satisfeito, vendo, ao longe, a explosão do estacionamento que o multou e causou sua revolta.

Bombita fez uso de sua competência em explosivos, encheu o carro com dinamites, deixou que fosse guinchado e, quando estava no local da empresa, os explosivos foram detonados.

O arco afetivo do vingador, portanto, é uma curva de efeitos passionais que vai de um sujeito calmo e tranquilo a um sujeito ressentido e cheio de ódio. O ato de vingar-se é o fechamento do arco, do ódio que nasceu e da liquidação deste mesmo sentir no final de sua curva. É uma passagem tensiva dentro de uma narrativa com começo, meio e final planejados.

O arco afetivo de Arya parte de um ódio muito forte para um não-sentir ódio no final, enquanto que a curva do senhor Bombita foi sair de um estado calmo para um estado colérico. E de colérico a vingativo. Sua curva tem picos de tensões, diferente do arco de Arya, que precisou de um destinador para adquirir saber e poder, enquanto que o senhor Bombita já tinha esse saber e poder para explodir o seu carro e o estacionamento em seu ato final de vingança.

O percurso de vingança de Arya

Em "Game of Thrones", a personagem Arya inicia sua jornada como uma menina feliz ao lado do pai, que a trata com diferenciação em relação aos outros irmãos. É o seu protetor. Sua mudança repentina de estado de satisfação para insatisfação foi causada por uma situação de emoção pela perda do pai, desencadeada em razão de sua inclinação para reagir e lutar, e que desencadeará em um sentimento de ódio e vingança.

O Programa Narrativo de vingança de Arya é calculado, demorado, e se inicia no nono episódio da primeira temporada, na incidência do dano com a morte inesperada do pai.

Após a morte também da mãe, por Walter Frey, Arya decide procurar Jaqen, o homem das "mil faces", um destinador que poderá lhe dar competência para executar sua vingança e liquidar seu ódio. Arya só tem um querer-ser e um querer-fazer que a obrigará a realizar um contrato funcional com Jaqen para que ele a ensine a arte de matar.

Ela precisa saber-fazer e poder-fazer sua vingança e saber-ser e poder-ser competente para poder também liquidar o seu ódio. Arya só sairá desse estado vingativo, se potencializará de fato, se, ao liquidar os que mataram sua família, liquidar também o seu ódio.

Mas esse contrato irá lhe custar um terrível arranjo na fase de manipulação, em que precisa se atualizar com suas competências, adquirindo astúcia através de um saber, ao reagir à forma como Jaqen pretende doar esse poder-saber-matar seus inimigos.

Jaqen cobra um custo pela troca deste saber e tenta lhe tirar o ódio, exigindo que Arya perca seu ódio e sua identidade, esquecendo seu nome, e que se transforme em "ninguém".

Só que Arya não pretende ceder aos apelos de Jaqen, pois perder sua identidade seria perder o seu ódio e o seu desejo de vingança, e de nada valeria adquirir tanto saber e poder, e reage manipulando-o para que ele acredite que está fazendo o que seu destinador quer.

A sanção de Arya inicia logo após ela deixar o Castelo Preto e Branco, já atualizada com saber-matar, com sua lista de nomes ainda por vingar, exercendo sua raiva e ódio ao liquidar o velho Walter Frey e seus descendentes, com requintes de crueldade, usando o disfarce de uma serviçal. Antes de matá-lo, Arya obriga o velho Frey a comer os próprios filhos servidos em uma torta.

Após este ato de vingança, Arya quer liquidar sua lista e viaja para Porto Real com o objetivo de matar a Rainha Cersei, mas volta atrás ao saber que seu irmão Jon Snow tinha deixado a Patrulha da Noite e agora era o Rei do Norte, lugar que já fora de seu pai.

O reencontro de Arya com a família, o acerto de contas com Sansa, que estava ao lado de Cersei e Joffrey quando mataram o pai, faz Arya diminuir a intensidade do ódio que sentia.

A liquidação do ódio termina em Winterfell, antes mesmo de Arya partir para matar Cersei. Um acontecimento inesperado, e até surpreendente somente sob o ponto de vista do discurso, da montagem, que foi a liquidação de toda ameaça dos caminhantes brancos, quando mata o Rei da Noite, o líder das criaturas sobrenaturais.

Arya, em menos de um minuto, acaba uma guerra que já estava perdida, ao matar o líder das centenas de milhares de criaturas, que também desaparecem. Neste acontecimento, não havia contrato nem afetos com os objetos exterminados.

Quando Arya cumpre o papel que seria de Jon Snow como destinador social, parte para Porto Real para matar Cersei antes que a Mãe dos Dragões o faça, mas, quando chega ao seu destino, o seu ódio já estava sem densidade, e perde força quando Cersei é morta sob os escombros.

Em sua sanção final, deixa os escombros de Porto Real destruída pelos dragões de Daenerys, montada em um belo cavalo, deixando para trás o ódio que ela sentia.

O vingador

Para desenvolvermos um percurso de vingança, que é longo, devemos observar ao menos duas características marcantes do personagem vingador; a astúcia, do ponto de vista da ação, e a existência de uma fratura em sua alma, do ponto de vista da paixão.

O que caracteriza o vingador, do ponto de vista da dramaturgia, é como ele "esconde" sua narrativa de vingança, utilizando um "disfarce" para manipular os personagens que precisam ser liquidados, necessitando saber-ser esperto e astuto.

Já a fratura, como causadora do sentimento que desencadeou o desejo de vingança, terá um programa de liquidação dessa falta em sua alma.

O esquema da vingança é um dos mais antigos na dramaturgia, está presente no teatro grego como um dos elementos fortes da tragédia, como "Medeia", de Eurípedes, um dos símbolos máximo da vingança, sobre uma mulher que mata os próprios filhos para vingar-se do marido infiel.

Este esquema mais articulado da vingança foi eternizado em "Hamlet", a obra-prima de William Shakespeare, em que o personagem retorna da França para a Dinamarca para vingar a morte do pai, rei da Dinamarca, assassinado por seu irmão Cláudio.

O pai de Hamlet surge em forma de fantasma, diz que o irmão o matou e pede vingança. Hamlet se disfarça de louco e, na loucura, ele busca a razão da vida, mas todo o seu disfarce de louco foi para esconder o seu plano mirabolante de uma vingança em curso.

A tragédia de Hamlet tem como eixo afetivo central o desejo de vingança com ênfase maior nos arranjos e manipulações, alongando esta fase ao máximo, para que não somente a verdade seja revelada, mas também para que o personagem possa mostrar outras paixões que desestabilizam o seu ser, como a inveja e a cobiça. E o próprio sentido da vida que um dia se acaba diante de uma morte iminente.

Nesta fase de manipulação de Hamlet para desmascarar o assassino, o personagem questiona se tem sangue frio para matar o tio, se seu ódio não é o suficiente para cegá-lo. Estava sendo forte o suficiente para não sentir outras paixões, inclusive pela mulher amada. A vingança precisa ser executada a sangue frio, como fez o senhor Bombita, em "Relatos Selvagens", e Hamlet não tem competência para enfrentá-la e sucumbe às suas próprias loucuras.

Mas não há como o vingador funcionar bem sem um disfarce. Arya aprendeu a usar um disfarce em que troca o seu rosto pela face de uma outra pessoa. Seu disfarce é se transmutar para outra pessoa e pegá-la de surpresa.

Há também exemplos de disfarces bem característicos, como "O Conde de Monte Cristo", folhetim de 1844, escrito por Alexandre Dumas, ou mesmo "V de Vingança", cujo símbolo é uma máscara e o vingador um sujeito oculto.

E há filmes, como "O Som ao Redor", de Kleber Mendonça Filho, que não só esconde o percurso de vingança, como também o sentir dos personagens, onde não se percebe o ódio nos personagens. Disfarçar o ódio é mais difícil do que disfarçar as ações dos vingadores.

Por isso, os filmes que tem narrativas mais densas são os que conseguem transformar essas estruturas clássicas, óbvias, em sentido e invisibilizar essas estruturas afetivas de forma sensitiva.

II. SIMULACRO EXISTENCIAL
(ARCO DO PERSONAGEM)

O "Simulacro Existencial" é um esquema da ordem da estrutura, que promove a passagem de um ato a outro, mas também um esquema não mais para a paixão, mas para a "potência", a força que um personagem tem diante de um contrato, quando só tem um querer, e irá precisar de saber e poder para se potencializar.

Neste esquema, podemos perceber as mudanças de estado de alma, não mais pelos acontecimentos ou pelos efeitos das paixões, mas pela busca incessante de todo personagem pela perfeição e pela potencialização de sua alma, mesmo que seja de forma concessiva.

O simulacro opera no imaginário dos personagens projetando para fora de si os desejos mais profundos de sua alma, caracterizados por uma imanente vontade de poder e vontade de potência. O personagem quer ter poder e potência para não-sofrer.

Esse novo esquema parte do princípio de que um personagem está não só em busca de valores nos objetos, mas também de um efeito de potencialização em sua alma, marcando o personagem por esta busca em forma de uma força de existência que precisa ser conquistada a qualquer custo, mesmo através de uma "concessão".

Essa potência pode ser medida em um personagem através de um esquema baseado nos "modos de existência", em que ele projeta para si uma curva em busca de poder-ser e poder-fazer, que é correspondente aos atos dramáticos dos Programas Narrativos.

Não geramos outra teoria, mas um aprofundamento dos esquemas da ação em estruturas mais profundas, seguindo o Percurso Gerativo do Sentido, que caracteriza esta teoria.

São três os modos de existência que formam o Simulacro Existencial: o modo "virtualizado", onde o personagem faz contratos e está regido pelo querer; o modo "atualizado", o equivalente ao segundo ato e às manipulações, quando o personagem deve conseguir saber e poder; e o terceiro modo é a condição para "ser" e "estar" realizado na terceira fase, na sanção.

Para que o personagem saia de um estágio de virtualização, partindo de um "querer", um desejo que não tem força, só motivação, para uma realização, é necessário que se atualize deste querer, e adquira "competência". E, após, conseguir saber, adquirir poder, para então realizar sua performance e tornar-se realizado.

ATO 1	ATO 2	ATO 3
Contrato	Manipulação	Sanção
Virtualizado	Atualizado	Realizado
Querer	Saber	Poder

Contrato: Querer-fazer e Querer-ser
Manipulação: Saber-fazer e Saber-ser; Poder-fazer e Poder-ser
Sanção potencializada: Crer

No programa de realização que parte deste querer, um personagem sai de seu estado de espera com um querer-ser e um querer-fazer, para cumprir compromissos consigo ou com algum objeto contratual, e precisará de saber-ser e saber-fazer, que será adquirido em uma fase de atualização, correspondente no Programa Narrativo à fase da manipulação.

O saber e o poder são aquisições também no plano do sensível, como a falta de competência nas ocorrências emocionais de Cleo.

A potencialização concessiva

Se o personagem antecipa um saber e poder que ele não tem, se pular etapas para uma realização, será em forma de uma antecipação de uma realização, uma "concessão" do mundo implicativo em que uma fase antecede a outra, em forma de "potencialização".

A potencialização não tem referência nos três atos, porque funciona como uma concessão dentro do Simulacro Existencial, ao se colocar ao menos de duas formas no personagem. Após a realização, quando os eventos são postos em memória, com os antagonismos encerrados, ou antes da realização, como uma antecipação em forma de simulacro de algo ainda não realizado.

A potencialização concessiva ocorre se o personagem não conseguir competência para passar de virtualizado a realizado, normalmente ele abre uma concessão em seu Simulacro Existencial, gerando uma potencialização enganadora, concessiva, que, em algum momento, irá mostrar que ele não mudou de fato, ainda está no seu estado de querer.

Quando ele não adquire essa competência, ele antecipa em seu imaginário essa competência ainda não adquirida. Neste caso, é uma antecipação do que ainda não é, como já sendo.

Um personagem que parte de um querer precisa de um saber e de um poder para realizar esse querer. E, para isso, é necessária uma potência em sua alma e existência para se modificar na passagem de uma fase a outra, e que ele "creia" em sua competência para executar uma performance.

O esquema aqui é a busca de variações do querer, saber e poder, procurando entender qual a lógica afetiva de cada personagem em seu programa de realização, em busca de potencialização, de satisfação, do não-sofrer, um estado neutro sem antagonismos que só poderia ser encontrado com o personagem potencializado.

VIRTUALIZADA   REALIZADA

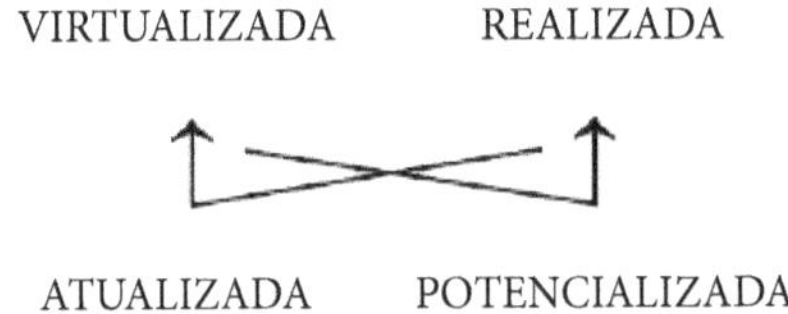

ATUALIZADA   POTENCIALIZADA

A concessão sensível

No Programa Narrativo da empregada Cleo, o personagem principal de "Roma", existe uma cena reveladora de uma antecipação dessa potencialização diante de um objeto admirado. Quando Cleo tem o acontecimento extraordinário diante de um bebê em uma incubadora, e foi tomada de uma sensação muito intensa de também ser uma mãe, sua concessão foi antecipar uma competência do saber e poder.

A sensação de Cleo é uma "antecipação" do sentimento de ser mãe, e ela só deveria ter este sentimento quando o seu filho tivesse nascido. Como ela ainda não é uma mãe, o seu sentimento de mãe é uma concessão, ocorre de forma inesperada, e o personagem nem percebe que foi tomado por essas forças imensas que fez um querer-ser mãe parecer um poder-ser.

Um querer-ser é tão forte quanto um querer-não-ser. Mas, para um personagem exercer sua liberdade, ele precisa poder querer-não-ser. Muitos personagens falham em seus percursos narrativos pela falta de competência de poder recusar algo que não lhe agrada ou que irá denegri-lo.

Quando Cleo percebe que antecipou etapas? Quando o namorado Fermín a recusa, foge de qualquer compromisso com ela e reage com um não-querer--ser pai de um filho.

Cleo saltou etapas não por uma falta de competência em não ter um filho, mas por não-poder-não sentir diante de um objeto admirado. Ela antecipou um "sentir" através de uma sensação. Essa antecipação, sem que o personagem passe por uma atualização, deverá resultar em um problema a ser resolvido na sanção.

III. ESTRUTURA INVISÍVEL DE "ROMA"

Vamos aplicar no roteiro de "Roma" o mesmo esquema que aplicamos em "Game of Thrones", como os Programas Narrativos de Cleo e Sofia com seus contratos, manipulações e sanção operam de forma "invisível" na narrativa.

O que diferencia nossa análise em "Roma", que é diferente de "Game of Thrones", é como as curvas dos personagens são causadas pelas sensações dos personagens Cleo e Sofia, que estão em evidência, estão mais tensivas, mas também mais ocultas, quase invisíveis no agir dos personagens.

Em GOT, as ações dos personagens precisam ficar mais evidentes, e o sentir, que deveria sensibilizar mais, fica mais oculto. E as ações se notabilizam, mesmo regidas pelo sutil sentir dos personagens.

Vamos utilizar os roteiros originais do primeiro episódio de GOT, que serviu de piloto, e do filme "Roma", o que foi para a filmagem, e mostrar como as modificações finais, para o que foi filmado, se ajustaram em razão de nossa teoria, para se adequar às lógicas desta narrativa concessiva.

O aprofundamento da narrativa de "Roma" foi realizado a partir do sentir dos personagens e de como eles nos surpreendem através de uma sensibilização, pois os acontecimentos políticos e sociais em "Roma" não atingem os personagens, eles ficam ao fundo, mesmo estando no plano principal, e são causados pela sensação.

Iremos novamente aplicar esse conhecimento teórico no desenvolvimento de personagens mais sutis, que escondem o que sentem e tornam as estruturas sensíveis mais invisíveis ainda.

Vamos identificar a vontade de potência regendo os Programas Narrativos de Cleo e Sofia, em "Roma", como os acontecimentos que geram também suas curvas de potência são bruscos, promovem uma parada no tempo do personagem, que impacta de forma violenta Cleo, diante de uma sensação, tanto quanto Arya diante do pai com a cabeça decepada em praça pública.

Ambos os acontecimentos são bruscos, mas o de Cleo é quase imperceptível. E ambos promovem pontos de virada devido às suas tensões, picos de tensões que pedem um relaxamento em seguida, até um novo pico de tensão. Sempre em razão do efeito de uma paixão.

Existência virtualizada de Cleo

O enredo do filme se passa na cidade do México, ocorre entre os anos de 1970 e 1971, quando o país é abalado por uma revolução estudantil, e cobre o tempo de gestação, gravidez, parto e perda da criança, os acontecimentos que formam o Programa Narrativo de Cleo.

Vamos aos acontecimentos do primeiro ato. O filme inicia com um contrato funcional da babá Cleo com o garoto Pepe, o mais jovem dos cinco filhos de Sofia, e a quem ela dedica maior atenção em razão da carência afetiva do menino. É uma sequência introdutória, que antecipa a sequência em que Cleo irá fazer um contrato com Fermín e a de Sofia, que irá se desfazer do contrato com o marido.

Esse contrato técnico é marcado no início do roteiro em uma cena, a primeira do filme, em que Cleo interage, quando os dois retornam a pé pela rua da escola à casa, e Pepe tem um surto e se joga no chão, queixa-se da ausência de sua mãe. Cleo é uma jovem índia mexicana, nascida e crescida no campo, e não sabe lidar com as carências da criança.

Esta cena está apenas no roteiro final. Foi suprimida no filme. A cena se repete algum tempo depois, com Cleo e Pepe na área de serviço, deitados em um tanque de roupas, em que Pepe repete a sua carência afetiva de forma mais poética e surpreendente.

A opção do roteirista no aprofundamento da história foi tirar a primeira cena e deixar apenas a segunda, para funcionar como surpresa. A intenção é suprimir ao máximo a informação para que o espectador não possa perceber o que está se passando de fato no momento com o sentir do personagem. O primeiro ato é o que mais se modifica em um roteiro, até o último momento ele ainda pode ser ajustado.

Esse tipo de escrita ocorre ao contrário no roteiro de "Game of Thrones", no primeiro episódio da primeira temporada, quando surgem as primeiras cenas dos personagens realizando seus contratos. Todos os personagens iniciam seus contratos no primeiro episódio.

Em uma das versões finais do roteiro de "Game of Thrones", não havia a conversa de Cersei e Jaime, as primeiras cenas de Porto Real, quando suas primeiras falas foram utilizadas para mostrar o pacto e o segredo entre eles, no velório de Jon Arryn, antigo mentor de Ned Stark, que morreu por ter conspirado contra os dois, contra o pacto dos dois.

Esta cena, durante o velório, foi plantada após a versão final, para facilitar o entendimento do enredo central, o que irá motivar a jornada mortal de Cersei para manter no poder os filhos, frutos de seu relacionamento incestuoso com Jaime. E ficou bem marcado que era o primeiro contrato explícito de "Game of Thrones". Mas tirou a surpresa. Revelada mais à frente, teria outro impacto.

O contrato de Cleo, que envolve um querer em curso que passará por uma atualização e uma sanção final, ocorre com o tímido Fermín, o irmão do namorado de sua irmã, que aparece no início do filme em um telefonema. O contrato ocorre em apenas uma sequência romântica entre Cleo e Fermín em um quarto de hotel.

O contrato é descrito com Fermín se exibindo para Cleo, tomada por uma admiração que lhe tira a noção, motivada apenas pelo querer-ser mãe, querer-ser amada pelos filhos como a sua patroa Sofia é amada. Fermín é um destinador ideal para ela realizar esse desejo, carinhoso, forte e amoroso. A sequência se encerra com Cleo cheia de felicidade. É o momento em que ocorre o ponto de virada para Cleo, com o fim do primeiro ato.

Cleo acredita no brilho de Fermín, sua virtualidade é esta cegueira que fará sentido mais à frente, na manipulação, fase que serve para mostrar que o contrato era ilusório.

Na cena seguinte à da cama, já se passaram três meses e mostra Cleo vomitando sob o chuveiro, em uma cena clara de que ela está grávida. Esta cena de Cleo vomitando foi cortada no roteiro original, deixando esta surpresa da gravidez um pouco mais para frente, quando Fermín fugirá dentro do cinema ao saber da gravidez de Cleo.

No filme, sem a cena do vômito, Cleo inicia seu dia normalmente com o trabalho da casa e dos filhos de Sofia, sem a percepção de passagem de tempo de imediato.

Existe no roteiro um tipo de informação extra sobre essa elipse, fora do contexto dramático, com destaque em vermelho, chamando a atenção para a virada de ato e de tempo, passando-se três meses entre a cena no hotel e a próxima, de Cleo no chuveiro vomitando.

A cena no hotel se passa no dia "20 de septiembre de 1970, domingo" (Pag. 22) e a próxima cena ocorre em "11 de novembro de 1970, miércoles" (Pag. 28), quando está sob o chuveiro vomitando. O roteirista se preocupou em marcar esse tempo da história.

A próxima fase de Cleo, de uma atualização desse contrato, será longa, onde precisará lidar com os efeitos passionais deste contrato, em razão da ausência de Fermín, que a surpreende com uma violenta rejeição.

A percepção de Sofia

O ponto de virada do primeiro ato para o segundo, na estrutura do filme, ocorre quase paralelamente aos acontecimentos extraordinários de Cleo e Sofia.

Enquanto o contrato com Fermín era visível, a fase contratual no Programa Narrativo da patroa Sofia é subjetivo, pois em suas cenas ela já age afetada por um fim de um contrato com o marido, um sujeito que é mais representado por um automóvel que por sua presença em cena. Sofia desenvolve sua tensão já em uma sanção, de uma jornada com o marido que está se acabando.

Mas o fim deste contrato deverá estar implícito em todo o primeiro ato, para ser surpresa no final do ato. Foi escondido desde a primeira cena de Sofia, em forma de uma "família feliz", a esposa, o marido e os filhos veem televisão unidos como uma família equilibrada, até que, em algum momento, esse rompimento se explicita, e tudo aquilo que parecia perfeito é na verdade, imperfeito. O primeiro ato serviu para encobrir uma imperfeição, uma disjunção entre ela e o marido.

O contrato é revelado na cena com Sofia se despedindo de seu marido Antônio, na rua em frente à sua casa, antes de uma viagem para o Canadá, quando se percebe que Antônio não a suporta, não aceita o carinho que ela lhe dedica, ocorrendo em seguida um acontecimento extraordinário, que resulta em uma percepção reveladora durante a partida do marido.

Mas essa revelação do contrato quebrado, vencido, só aparece no fim do primeiro ato com força, devido à existência de um acontecimento extraordinário, forte o suficiente para ocasionar um ponto de virada do personagem e da ação. E a revelação chega em forma de surpresa, para o personagem e para quem está seguindo o enredo. Surpreende o personagem e o espectador.

Do ponto de vista do agir, ficou claro que não havia harmonia na sua casa e ela não era feliz com o marido como foi mostrado, com todos juntos assistindo ao programa de humor em frente à televisão. O retrato de uma família perfeita de classe média mexicana era falso em razão do que Sofia deixou transparecer.

Essa informação que surpreende fará sentido para a manipulação que virá em seguida, quando Sofia esconde dos filhos o contrato rompido com o pai deles, e irá manter a "falsa harmonia" que existia no primeiro ato. Sofia gera um contrato com os filhos para esconder o contrato rompido à base de uma "mentira", enquanto ganha tempo para adquirir saber e poder para lidar com a falta do marido em seu sentir.

A surpresa perfeita precisa ser desenhada como sendo algo que sensibiliza o personagem, e essa sensibilização também deve surpreender o espectador desprevenido em seu sentir.

Esquema da Percepção

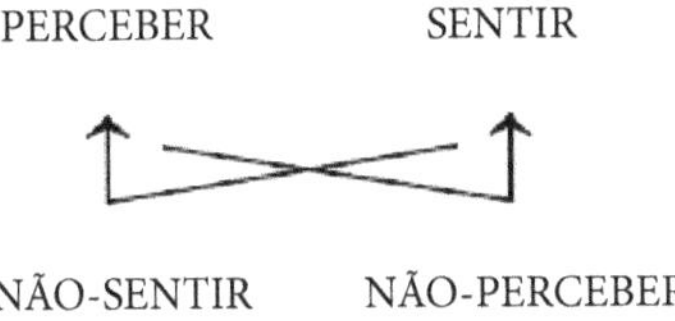

Neste quadrado semiótico, a percepção de Sofia ocorre de forma inversa ao do sentir, com uma perda da força do sentir, que era de admiração, para um não-sentir e, só então, perceber.

Do ponto de vista da sensibilização, um personagem que percebe e não--sente é INSENSÍVEL; o personagem que não-sente e não-percebe é BURRO (sem inteligência); o que sente e não-percebe, como Cleo diante de Fermín e do filho no ventre, é uma pessoa SEM NOÇÃO; e a que percebe e sente é uma pessoa INTELIGENTE, com noção da realidade e de sua sensação.

Trecho do roteiro original com a cena de Sofia se despedindo do marido.

```
Va de regreso a la casa pero ve que el Señor Antonio ya
sale, caminando por el patio. Más atrás lo sigue la
Señora Sofía cargando a Pepe.

El Señor Antonio pisa una caca de perro y se detiene
asqueado -
                     SEÑOR ANTONIO
            ¡Con una…!

Desliza su pie por el piso intentando limpiarlo y
continúa su camino. En la calle, talla la suela del
zapato contra el borde de la banqueta.

La Señora Sofía pone a Pepe en el suelo al llegar a la
calle y va hasta el Señor Antonio y lo abraza por la
espalda.

Cleo se aleja unos pasos, Pepe va hasta ella y le toma la
mano.

La Señora Sofía rompe a llorar. El Señor Antonio voltea y
la abraza incómodo.
                     SEÑORA SOFÍA
            Nosotros aquí estamos…

                     SEÑOR ANTONIO
            Sólo son unas semanas…

Se zafa de la Señora Sofía y va a entrar al coche cuando
ella lo intercepta y le da un beso moqueado, que él
recibe antes de sentarse al volante y cerrar la puerta.

La Señora Sofía pone su mano en el hombro de su marido
mientras él enciende el cuatro cilindros.
                     SEÑOR ANTONIO (CONT'D)
            Adiós, Pepe…

Mete primera y arranca lentamente, obligando a la Señora
Sofía a levantar la mano, y se aleja hacia el final de la
calle.



                                          (CONTINUED)
```

Os acontecimentos que marcam a passagem para o segundo ato são seguidos de uma necessidade de liquidação do sentir oriunda desses acontecimentos, de Sofia, de sair do estado de infelicidade, e de Cleo, de não sair deste estado de felicidade do primeiro ato, com um programa de realização em curso que é ter um filho.

Dois acontecimentos que fecham o primeiro ato requerem alguma forma de atualização: de Cleo, que acredita em Fermín e fecha o primeiro ato com uma admiração por um homem bonito e esperto, com expectativas de um romântico relacionamento que pudesse gerar um filho, e de Sofia, que desacredita no marido e fecha o primeiro ato com uma percepção de que a sua fase contratual de admiração com o marido chegou ao fim.

Para Sofia, a atualização é a liquidação da falta do marido, é adquirir poder para não sentir falta do marido, enquanto que, para Cleo, é ter o filho que ela tanto deseja, realizando o desejo em forma de sensação ainda no primeiro ato.

Existência concessiva

O segundo ato de "Roma" tem início com Cleo confirmando a gravidez, com exames médicos em uma maternidade, quando ocorre um acontecimento extraordinário, em que terá uma sensação inesperada de ser mãe sem que seu filho ainda não tenha nascido, ao ver um recém-nascido em uma incubadora.

Esse sentir foi necessário e reforçado com a inclusão de um terremoto na cena que, no roteiro original, não existia, incluído no filme para reforçar a força do sentir sobre o agir naquele momento. Porque aquele sentir é que irá fazer sentido nas outras etapas no Simulacro Existencial de Cleo com o seu filho e não mais com Fermín.

Extrato do Roteiro de "Roma"

```
                                                    58.
CONTINUED:

La Señora Sofía asiente -

                    SEÑORA SOFÍA
          Ay Margarita, mil gracias por
          verla.

                    DOCTORA VÉLEZ
          ¡N'ombre! Si ya la extrañaba,
          ¿verdad, Cleo? Me voy…

Se despide de beso de la Señora Sofía -

                    DOCTORA VÉLEZ (CONT'D)
          Adiós, Cleo. Nos vemos el mes que
          viene para que te cheque.

                    CLEO
          Sí, doctora. Gracias.

La Doctora Vélez se aleja por el pasillo. La Señora Sofía
voltea a ver a Cleo -

                    SEÑORA SOFÍA
          ¿Cleo? ¿Por qué no vas al tercer
          piso a ver a los bebés recién
          nacidos mientras yo termino aquí
          de platicar con el Doctor Zavala?

INT - MATERNIDAD - GINECOBSTETRICIA  --  DÍA

Docenas de cunas enfiladas, cada una de ellas con un bebé
recién nacido enrollado en su colchita.

Cleo los ve a través de la vitrina.

Unos duermen en calma y otros lloran con ansia.

Cuatro cunas proyectan fuertes luces sobre bebés con
antifaces, y a un lado -

En una INCUBADORA -

Un bebé prematuro, minúsculo y frágil. Está conectado a
tubos que apenas lo sujetan a la vida.

Cleo lo mira fascinada cuando -

Un gran bloque de yeso se desprende del techo y cae
encima de la incubadora casi cubriéndola por completo.

31 de diciembre de 1970, jueves.
```

O segundo ato, que inclui o nascimento do seu filho, só começa a mudar para Cleo quando ela deixa o seu estado de felicidade para o de infelicidade, ao ser rejeitada por Fermín, que a humilha e a trata com violência antes do nascimento da criança, quebrando a expectativa de Cleo e desfazendo aos poucos o seu simulacro.

Cleo passará por uma atualização da sensação sentida, com um tumulto interno de uma decepção, ao ser surpreendida por uma rejeição, porque Fermín a tratou bem no contrato, com promessas não ditas de amor durante sua estada no quarto de hotel. E, de repente, se mostrou outra pessoa, violento e capaz de agredi-la.

Esse sentimento de rejeição irá marcar o percurso de atualização de Cleo. Um desejo de se concretizar no plano de realização tem início quando se encontra em estado de "espera" do filho esperado, em uma loja de móveis, comprando o berço para o bebê que já está para nascer e encontra Fermín. Armado, o ex-namorado participa de um assassinato de um estudante na sua frente.

A surpresa fez sua bolsa se romper e Cleo começa o trabalho de parto antes da hora, iniciando o ápice do segundo ato, que irá durar mais de dez minutos, de uma angustiante atualização de Cleo, em uma longa jornada para a realização do filho, do "nascendo" para o "nascido".

Abalada pelo acontecimento com Fermín, Cleo presencia os acontecimentos à sua volta, da jornada que a transporta de carro da loja ao hospital, em meio a uma guerra entre estudantes e o governo, com bombas, passeatas e mortes nas ruas, a demora para o atendimento no hospital e a longa tentativa de ressuscitar o bebê que nasce morto.

Na última cena desta atualização, em que ocorre a chegada do inesperado, Cleo segura o bebê morto nos braços, afetada por um sentimento que só será revelado quando novamente for afetada por outro acontecimento. Sob efeito de outro acontecimento, será revelado o fim de uma admiração, que se mostra em razão do efeito de outras paixões, como o arrependimento e o remorso.

Após este ápice, há uma passagem de ato, a partir de um acontecimento gigantesco do ponto de vista da tensão, e um súbito relaxamento para marcar o fim da atualização.

Cleo, após perder o bebê, entra em depressão. Seu projeto de ter um filho foi interrompido, mas ela ainda precisa sancionar o contrato, não foi liquidada ainda a questão do seu sentir.

O seu sentir quase-morte promove um ponto de virada para o terceiro ato, nesta pausa dos acontecimentos, com uma parada nos acontecimentos. O filme sai do tumulto para o silêncio total. Há silêncio na casa e na rua, que sempre foi barulhenta e, pela primeira vez, fica silenciosa. O filme fica mudo para mostrar a tensão negativa de Cleo.

Existe uma "pausa" em que os objetos silenciosos neutralizam os eventos narrados, assim como houve uma "elipse" em forma de passagem de tempo, quando passou da cena do quarto de hotel para a do chuveiro, quando pulou o tempo em três meses.

O que difere a elipse de uma pausa é que, no plano da narratividade, o texto é resultado de um "tempo da história" e um "tempo do discurso" e, na elipse, o tempo do discurso é interrompido e o tempo da história prossegue. Mas na pausa, o tempo da história é interrompido (os objetos na pausa, em "Roma", parecem soltos no espaço), enquanto o discurso prossegue.

A pausa é uma forma de relaxamento, de ausência de ação, de reorganizar os abalos deixados pelos acontecimentos imprevistos, e que pode ajudar a marcar o ponto de virada, como neste caso, em que novos rituais irão se iniciar. A pausa funciona aqui como passagem do segundo para o terceiro ato, como a revelação do contrato rompido de Sofia, na passagem do primeiro para o segundo ato.

E, só então, no terceiro ato, na sanção, a surpresa aparece durante um novo acontecimento extraordinário que ocorrerá durante um fim de semana na praia, que pega Cleo de surpresa, e, somente então, o sentimento que a afetava durante a atualização ficará claro.

Atualização de Sofia

A atualização de Sofia é tão angustiante quanto a de Cleo, em razão de uma mentira sobre o sumiço do marido Antônio, pai das crianças. Essa fase para Sofia é bastante implicativa, acumulando tensões, devido à agressividade das crianças, motivada em razão da falta de autoridade e segurança que o pai simbolizava, sustentando uma "mentira" que se torna acumulativa e precisa de uma sanção.

O fato de Sofia inventar desculpas de que o marido está em viagem, quando de fato ele já vive com outra mulher bem mais jovem, demonstra que sua manipulação para ganhar competência e não sentir falta do marido não está funcionando. Obrigar os filhos a escrever cartas para o pai, pedindo a sua volta, ainda é uma demonstração de não-poder-não-fazer aquilo que deseja.

Por outro lado, Sofia, além de demonstrar ainda alimentar alguma esperança, se atualiza destruindo o automóvel do marido, quebrando o seu vínculo de forma simbólica, se recusando a pular etapas arrumando um outro caso afetivo. Sofia não procura outro arranjo com outro homem, mas se libertar do arranjo que tem, por isso, há uma cena em uma fazenda, durante a comemoração de Ano Novo, que essa condição fica demonstrada com uma recusa de um assédio de outro homem.

Seu programa de realização exige que seu objeto de busca seja a liquidação da impotência de não conseguir ficar sem sentir falta do marido. Sofia precisa se virtualizar com algum saber e algum poder, condição para não sentir mais sua presença.

Sanção julgadora da verdade

A passagem do segundo ato para o terceiro e último ato ocorre com uma viagem da família à praia, com o intuito de ajudar Cleo a sair do sofrimento pela perda do filho. As duas personagens têm objetivos para sancionar. Sofia precisa revelar a verdade sobre o marido às crianças e Cleo precisa de um novo acontecimento para tentar esquecer que perdeu seu filho.

A primeira sanção é a de Sofia, que reúne os filhos em uma sorveteria para contar que o pai nunca foi para o Canadá, que está vivendo com outra mulher, e que não voltará mais a viver com eles. Esta revelação faz sugar o agir dos filhos, que lhe tira toda a segurança que geralmente tem um destinador transcendente. Em estado de choque, as crianças não sentem o sabor do sorvete, que antes era doce e agora não é mais.

Mas aí vem mais uma surpresa. O motivo da viagem não era ajudar Cleo a sair da depressão. Mas, na verdade, para que o marido retirasse seus objetos e roupas da casa sem que as crianças vissem. Foi um choque maior para as crianças.

A reação de Sofia diante do sofrimento dos filhos foi gerar uma potencialização. Uma projeção de um sentir antecipado de que ela sozinha irá vencer e cuidar da família, irá trocar de profissão, deixará de trabalhar na área de química e irá para a área de literatura. Fala tudo isso para as crianças, mas eles não ouvem, não sentem o que Sofia quer que eles sintam.

Já a sanção de Cleo se fecha em uma grande cena, de forte tensão, quando ela terá de salvar do afogamento dois filhos de Sofia, que se debatem no mar e, se ela não resgatá-los, irão morrer. Só há Cleo na praia com as crianças e, mesmo sem saber nadar, ela entra no mar e resgata os filhos de Sofia, não permite que eles morram.

O fato de ter forças para salvar os filhos de Sofia e não ter tido poder para salvar o seu próprio filho afeta profundamente Cleo que, sob o efeito de fortes emoções de toda a família em razão do salvamento dos filhos, ela explode com uma emoção diferente, sem relação com aquele acontecimento. Ela grita que desejou que seu filho, que nasce morto, não tivesse nascido. Ela desejou seu filho morto.

Cleo teve uma explosão de um sentimento de remorso e arrependimento, através de uma tomada de consciência, de uma "percepção" do que ela havia passado em sua atualização. O sentimento de arrependimento ocorre em razão de uma percepção, está sempre ligado a acontecimentos passados, que exerce um posterior sentimento de culpa e remorso.

Só que Cleo se arrepende não de uma ação, mas de um sentimento, o de que não queria o filho vivo. O arco de Cleo é marcado por uma pontuação tensiva, é resultado desse sentir e não de uma ação.

E, durante a fase de atualização, Cleo não soube ganhar competência para não-sentir o desejo que o filho nascesse. O sentimento de remorso é derivado, portanto, de uma falta de competência de não-poder-não-sentir o desejo que o filho nascesse morto. Cleo não adquiriu saber e poder para torná-la competente para que realizasse a sua performance de saber-ser e poder-ser uma mãe.

Ela não sentiria remorso ou arrependimento se ela não tivesse desejado o filho "vivo", através de uma sensação, e depois desejado o filho "morto" sob efeito de uma decepção. A sanção, portanto, é resultado desses pontos sutis de virada, que mostra uma curva do personagem em uma lógica narrativa.

Esse acontecimento é o grande fechamento do Programa Narrativo de Cleo, que formou um arco iniciado em estado de espera, de felicidade, e concluído em um estado de dor e decepção, em razão das surpresas do sobrevir, dos sentimentos concessivos e dos contratos mal-arranjados.

Vontade de Potência

A potencialização é aquela fase que os personagens atingem depois de realizados, quando suas jornadas chegam ao fim e os eventos ocorridos são colocados em memória. Quando há uma conjunção "perfeita" do sujeito com o objeto.

O filme causa uma sensação estética de sanção sem a presença do marido, com a ausência dos móveis em casa, para demonstrar que Sofia se livrou daquilo que lhe trazia sofrimento. Mas, no campo do sentir, existe uma liquidação em curso, de uma crença não concessiva.

A ausência dos objetos é também uma forma de mostrar a ausência dos valores que o marido representava em casa. Destruir o automóvel do marido e os valores contidos naquele objeto foi uma forma estética de eliminar a presença do marido na vida da família, mesmo que, no plano do sentir, esse vazio ainda continuasse.

Sofia, quando promete aos filhos que a sua mudança de trabalho e o sustento da família garantidos já seria suficiente, antecipando uma realização que ainda não existiu, que as crianças deveriam sentir em forma de sensação, é uma proposta de potencialização concessiva.

Não funciona com as crianças, mas funcionará com Sofia, que realmente "crê" que seu novo projeto de realização é se tornar independente e trabalhar com uma profissão que sempre sonhou. Ela antecipa para os filhos algo que ainda não existe de fato, um querer com motivações de sobra para se potencializar antes de adquirir saber e poder para, então, crer.

Sofia age como muitos personagens que, em razão de suas emoções, inclinações e sentimentos imprevisíveis, tomam decisões em cima de "sonhos", de desejos, sem noção do quanto é perigoso e deixam o campo para o surgimento do "sobrevir", que é cultivar sobre areia, ao invés de trabalhar a terra para torná-la fértil ou segura para edificar sua moradia.

"Edificar sobre areia não é por acaso cultivar a espera do inesperado?", questiona Greimas, em "Da Imperfeição", antes do lançamento da Semiótica das Paixões, quando essas questões que estamos abordando com clareza ainda existiam em campos totalmente herméticos, muito difíceis de entender.

O arco invisível de Cleo foi sair de um estado de felicidade para um estado de infelicidade, proveniente de um sentimento de remorso e culpa. Sua paixão que fecha o seu arco é a da "culpa".

O arco de Sofia, por outro lado, foi sair de um estado de infelicidade, proveniente de uma decepção que lhe causa raiva, rancor, mas que ela tenta esconder, para um final de felicidade, de não sentir mais raiva e rancor e focar no futuro.

Nossa teoria demonstrou que a estrutura do roteiro, nas passagens de atos formados pelos acontecimentos extraordinários de Cleo e Sofia, é que determinaram a curva dramática do filme. Os três atos do filme ocorrem de maneiras sutis e formam arcos invisíveis, que não estão relacionados aos acontecimentos da sensação e da ação.

PARTE 3

ANÁLISES DE ROTEIROS

I. A ESTRUTURA INVISÍVEL DO ROTEIRO DE "PARASITA"

O vencedor do Oscar de melhor roteiro original em 2020, "Parasita", escrito por Bong Joon-ho e Han Jin-won, é um filme falado em coreano e com atores desconhecidos, que merece uma reflexão sobre a importância do roteiro e a sua função para o desempenho de um bom filme, em qualquer parte do planeta.

"Parasita" é uma comédia, exagera nas diferenças sociais e econômicas de duas famílias coreanas, uma pobre e outra rica, mas que explora a fundo a sensibilização dos personagens, que traçam seus destinos sobre uma trapaça, e também sobre suas paixões e sofrimento. Só há comédia, porque os personagens ricos são emocionalmente vulneráveis e fáceis de serem dominados pela família pobre.

Esse enredo, que simboliza a ganância no mundo atual, é distribuído no roteiro em uma curva dramática em três atos, que estão bem definidos e claros do ponto de vista da estrutura da história. O primeiro ato trata dos contratos da família de Ki-taek para se instalar na mansão do senhor Dong-ik, e se fecha até a inundação que os trazem de volta ao local onde viviam. O momento em que a ex-governanta volta para a mansão marca o fim do primeiro ato e o começo do segundo. Sua volta promove um ponto de virada no roteiro. Dali em diante, as relações contratuais já estão todas costuradas. Todos os eventos relacionados aos arranjos entre personagens no primeiro ato foram encerrados.

O segundo ato também tem uma estrutura bem fixa, bem blocada. Inicia exatamente quando a ex-governanta toca a campainha da mansão e surpreende a família invasora. E se encerra quando a família pobre volta para seu bairro sujo e está no abrigo cheio de pessoas que tiveram suas casas destruídas pela chuva. O fim da tempestade encerra o segundo ato.

O terceiro ato tem a mesma estrutura dos dois anteriores, com pontos de virada bem definidos, e se inicia como um novo filme, com os preparativos para o aniversário do garoto Da-song, após o fim da tempestade, que marca o fim do ato com um imenso ponto de virada, do caos da tempestade para a calmaria. O terceiro ato é dedicado ao aniversário do garoto rico, que termina em tragédia com a morte de Dong-ik, e se encerra com Ki-taek se escondendo no porão da mansão.

Cada ato tem sua estrutura dramática própria, com o primeiro direcionado à comédia, o segundo, ao drama, e o terceiro, à tragédia. Mas essas observações são apenas do discurso do filme, de sua estrutura "visível". Os três atos servem para que o roteirista possa organizar corretamente a narrativa de sua história. Assim como para organizar a estrutura interna de cada personagem. Essa estrutura interna, ou "invisível", também existe para cada personagem e é formada por suas passionalidades, projetadas em suas ações e diálogos.

Esta estrutura é invisível, porque está relacionada às "paixões" dos personagens, que se expressam na ação em forma de "sentir". Os personagens de "Parasita" agem em razão de suas paixões, como medo, raiva, ódio, vingança, tédio, melancolia ou até mesmo o ressentimento e a cobiça. A estrutura dos personagens afetados por suas paixões também sofre transformações de um ato a outro. A cobiça se transforma em inveja, depois em raiva, que irá se transformar em rancor, que, por sua vez, se transformará em ódio, e do ódio nascerá a paixão da vingança.

Essa transformação ocorre com mais ênfase nos dois personagens principais do roteiro de "Parasita", o jovem Ki-woo com sua amada Da-hye, e a jornada de seu pai, Ki-taek, como motorista, com o seu patrão Dong-ik. O arco de cada personagem está ligado ao modo como agem e como sentem.

O primeiro ato serve para estabelecer "contratos" entre personagens para uma jornada, do plano da "ação" e no plano do "sentir". É uma lógica obrigatória desde Aristóteles. No primeiro ato, o jovem Ki-woo é contratado para dar aulas de inglês para a ingênua Da-hye, mas, neste contrato, também existe um lado passional, em que Ki-woo também faz um contrato de casamento.

Será este contrato passional que irá sensibilizar o personagem para que ele sensibilize o espectador. Os contratos são chamados de virtualizados, porque os personagens só têm um "querer", e este existe em razão do que Ki-woo "sente" ao se apaixonar por Da-hye. Seu agir, depois deste contrato, passa a ser regido pelo seu sentir desejo de que no final de sua jornada, na "sanção", que se dará no terceiro ato, ele possa ficar rico e se casar com ela.

Neste primeiro ato, em que todos os contratos entre os membros das duas famílias estão estabelecidos no plano da ação, o contrato de Ki-taek com o patrão Dong-ik sofre transformação. O patrão não gosta do seu cheiro, que fede a "esgoto", e isso começa a modificar o sentir de Ki-taek, que sai de um estado de satisfação, para um estado de raiva, que, no terceiro ato, desencadeará um sentimento de fúria contra o seu patrão, matando-o de surpresa.

No segundo ato, os personagens se distanciam dos seus "contratos", a família rica viaja para um acampamento, os infiltrados tomam conta da mansão e são surpreendidos ao descobrir que existiam pessoas vivendo em um bunker abaixo do porão. Os eventos do segundo ato são chamados de "manipulação", de um personagem manipulando o outro em razão dos "contratos", e servem para modificar o destino dos personagens, traçado no primeiro ato.

O arco de Ki-woo se fecha no final do terceiro ato, quando sua amada Da-hye desaparece, e seu contrato não se concretiza. Sua sanção foi a de que seu contrato com Da-hye não era verdadeiro, foi apenas um "querer" de Ki-woo. E o arco do seu pai Ki-taek se fecha quando se esconde no bunker da mansão para não ser preso por assassinato.

A curva dramática de Ki-taek fica visível, quando inicia o terceiro ato, totalmente modificado, sisudo, sem humor. Não sente mais a satisfação que tinha no primeiro ato. Quando Dong-ik mais uma vez o humilha por causa do seu cheiro de "esgoto", Ki-taek imediatamente o mata com uma faca, durante o churrasco de aniversário.

Essas relações contratuais são movidas pelos personagens de forma "virtualizada", no primeiro ato, quando só têm um "querer". No segundo ato, precisam "atualizar" seus contratos e precisam adquirir "saber" para manipular os outros personagens. O terceiro ato é chamado de "sanção", porque os personagens precisam realizar seu projeto contratual, e, para isso, precisam "poder" de fato garantir se o contrato inicial era falso ou verdadeiro.

Essa curva da ação é acompanhada da curva do sentir dos personagens, observando que o sentir rege o agir. Os personagens agem e falam em razão do que sentem, esteja este sentir visível ou não.

O arco invisível de "Roma"

Assim como "Parasita", o roteiro de "Roma", de Alfonso Cuarón, fala de conflitos sociais no plano da ação, e a mesma estrutura invisível existe de forma mais escondida ainda, acompanhando as personagens, a empregada Cleo, personagem principal que está fazendo um contrato com o namorado Fermín para ter um filho, e a patroa Sofia, que está se separando do marido. Existe uma estrutura visível, com luta de classes e manifestações a favor da liberdade, mas a invisível pertence somente aos personagens.

A curva invisível da personagem Cleo ocorre apenas no nível da sensação e não de suas ações. Mas, da mesma forma que "Parasita", os três atos de "Roma" também tem seus pontos de virada bem definidos entre um ato e outro. São mais sutis que os de "Parasita", porque a personagem Cleo praticamente não fala e não age, o seu sentir está mais no seu silêncio do que nas suas ações. Só descobrimos isso no terceiro ato, quando ela explode de surpresa e diz que não queria que seu filho tivesse nascido.

Aí, voltamos no tempo, no primeiro ato, quando Cleo, ao saber que está grávida, tem a sensação de já ter tido o filho, se espelhando na vida feliz de sua patroa e seus quatro filhos e no contrato de felicidade com Fermín. Mas, no segundo ato, ao ser rejeitada pelo namorado, Cleo sente o desejo que o seu filho morra. E isso realmente acontece. O segundo ato é dedicado à morte deste filho que ela havia desejado no primeiro ato.

E, no terceiro ato, quando o filho já nasce morto, ela tem uma nova sensação, ao salvar os filhos de Sofia no mar, de "arrependimento" e "remorso", duas fortes paixões, por ter desejado a morte de seu próprio filho ainda em seu ventre. A curva invisível em três atos da personagem se dá apenas em forma de sensações. Ou em forma de admiração, quando está fazendo o contrato, ou em forma de percepção, quando está sendo julgada na "sanção" a verdade sobre o seu sentir.

Estrutura do roteiro de "Parasita"

	Primeiro ato	Segundo Ato	Terceiro Ato

Início do filme ..../..................................../........................... Fim do filme

	PG 02 / SEQ.01-69	PG 63 / SEQ 70-116	PG 115/ SEQ 117-159
	Contrato	Manipulação	Sanção
	Querer	Saber	Poder

II. DE ARTHUR A CORINGA,
A CURVA INVISÍVEL DO PERSONAGEM

O roteiro de "Coringa", que concorreu ao Oscar 2020 de melhor roteiro adaptado, tem uma escritura muito parecida com a do filme "Parasita", especialmente por sua estrutura e desenvolvimento do arco dos personagens sendo fiel à teoria dos três atos. Os roteiros dos dois filmes têm suas qualidades e apelos por utilizarem como estratégia as transformações da narrativa e do personagem, seguindo um esquema teórico baseado na Semiótica das Paixões.

A Semiótica oferece instrumento para o roteirista construir o arco dramático de "Coringa", na transformação interna e nas ações do personagem Arthur, que estão estruturados como roteiro através da mesma teoria que mostrou o arco dramático de "Parasita", que também concorre ao Oscar de melhor roteiro original. Esse instrumento permite ir além do conhecido na construção de personagem e na estrutura dramática do roteiro.

A primeira observação no roteiro de "Coringa" é sobre como os roteiristas mudaram o nome do personagem. Tenho duas versões do roteiro original de "Coringa". Na primeira versão, de abril de 2018, o personagem Arthur era assinado como Coringa, da primeira à última cena do roteiro. Na versão final, de dezembro de 2018, o nome de Coringa foi substituído por Arthur, por se tratar de um personagem que não tinha, até o final do roteiro, as características do vilão dos quadrinhos de Batman, do qual se originou. Assim, quem ler o roteiro, verá primeiro as ações de Arthur e somente no final da história começará a ler as ações de Coringa.

Página 2 da versão de abril de 2018 do roteiro de "Coringa"

<pre>
                                                              2.

                         JOKER (CONT'D)
                    (beat)
               No offense.

          She smiles. Writes something down. Looks at the clock, she's
          running late for her next appointment.

                         SOCIAL WORKER
               Have you been keeping up with your
               journal?

                         JOKER
               Everyday.

                         SOCIAL WORKER
               Great. Did you bring it with you?

          Beat.

                         JOKER
                    (dodging the subject)
               I'm sorry. Did I bring what?

                         SOCIAL WORKER
                    (impatient; she doesn't
                     have time for this)
               Arthur, last time I asked you to
               bring your journal with you. For
               these appointments. Do you have it?

                         JOKER
               Yes ma'am.

          Beat.

                         SOCIAL WORKER
               Can I see it?

          He reluctantly reaches into his bag. Pulls out a weathered
          notebook. Slides it across to her--

                         JOKER
               I've been using it as a journal,
               but also a joke diary. Funny
               thoughts or, or observations-- Did
               I tell you I'm pursuing a career in
               stand-up comedy?

          She's half-listening as she flips through his journal.

                         SOCIAL WORKER
               No. You didn't.

                         JOKER
               I think I did.
</pre>

Página 2 da versão de dezembro de 2018 do roteiro de "Coringa"

```
                                                         2.


                        ARTHUR
                  (dodging the subject)
              I'm sorry. Did I bring what?

                        SOCIAL WORKER
                  (impatient; she doesn't
                   have time for this)
              Arthur, last time I asked you to
              bring your journal with you. For
              these appointments. Do you have it?

                        ARTHUR
              Yes ma'am.

Beat.

                        SOCIAL WORKER
              Can I see it?

He reluctantly reaches into the pocket of his jacket hanging
on the chair behind him. Pulls out a weathered notebook.
Slides it across to her--

                        ARTHUR
              I've been using it as a journal,
              but also a joke diary. Funny
              thoughts or, or observations-- Did
              I tell you I'm pursuing a career in
              stand-up comedy?

She's half-listening as she flips through his journal.

                        SOCIAL WORKER
              No. You didn't.

                        ARTHUR
              I think I did.

She doesn't respond, keeps flipping through his journal--

PAGES AND PAGES OF NOTES, neat, angry-looking handwriting.
Also, cut out photos from hardcore pornographic magazines and
some crude handmade drawings.

A flash of anger crosses Arthur's face--

                        ARTHUR
              I didn't realize you wanted to read
              it.

The social worker gives him a look, then reads something in
the pages that gives her pause--
```

Essa forma de escrever tem uma razão, que reflete na qualidade do filme, que tem origem no roteiro, na organização da narrativa e da jornada interna e passional do personagem Arthur. Na reescrita do roteiro, o personagem exigiu um aprofundamento obrigatório antes que se transformasse em Coringa, especialmente para fortalecer o seu sofrimento, o seu sentir, para depois melhorar as performances em forma de ações. E isso é feito sob um arco de transformação do personagem de Arthur a Coringa. E esse arco não é somente o do "agir", mas também o do seu "sentir", um lado que antes não se explorava na construção do roteiro, que não fosse de maneira intuitiva.

A curva passional de Arthur, diferente da curva da ação, é invisível e regida pelo "sentir", se transforma aos poucos, a partir deste sentimento de amor pelo próximo, no primeiro ato, que se transformará nas paixões da "raiva" e do "ressentimento", no segundo ato. E que desencadeará em mais uma paixão, a "vingança", no fechamento de seu arco, no terceiro ato, quando, ao invés de atirar em si próprio, atira e mata a pessoa que ele julga oprimi-lo e humilhá-lo.

Ou seja, essa passagem de Arthur a Coringa é uma demonstração de que mudanças como esta (o roteiro foi quase totalmente reescrito e teve cortadas mais de 60 cenas até o tratamento final) visam a focalização na passionalidade que rege as ações de Arthur. O que irá se transformar em "arco" será sua passionalidade, de mocinho a vilão, da dor individual para a coletiva e social.

A curva sensível de Arthur para se transformar em Coringa passa por um "contrato", com a mãe e com o seu objeto de ser humorista, no primeiro ato, uma "manipulação", no segundo, sobre sua origem, seu pai e sua mãe, e uma "sanção", no terceiro ato, com a quebra de contrato com sua mãe, assim como o resultado de um programa narrativo da busca pelo sucesso como humorista de stand up, que se iniciou e se encerrou no primeiro ato.

Do ponto de vista da ação e do tempo, os atos estão bem distribuídos, com o primeiro se encerrando na página 36 do roteiro, quando é demitido do emprego, humilhado e desacreditado por ninguém levar em conta o que ele sente, pensa e faz. Na cena seguinte, inicia-se o segundo ato, que vai até a página 72, quando finaliza sua busca pela verdade, com relação à sua mãe e seu pai, e, no terceiro ato, se fecha a sanção; após matar a mãe, no segundo ato, agora Arthur se prepara para o seu "grand final", participando de um show de stand up ao vivo pela TV.

Do ponto de vista de sua passionalidade, o arco ocorre quando o estado patêmico de alma de Arthur sai de um sujeito calmo, no primeiro ato (apesar da doença de rir fora de hora, tomar sete remédios por dia e visitar regularmente um psiquiatra), para um estado raivoso, depressivo e de vingança, no final de sua jornada, em razão do desprezo que as pessoas têm por ele. Suas paixões se transformam ao longo de sua jornada, motivam suas ações e geram seus diálogos, fechando um arco completo no final, do "sentir" e do "agir" de Arthur, se transformando no Coringa.

A jornada interna do personagem é invisível

A jornada interna, para a transformação em três atos, de Arthur à Coringa, ainda é marcada por uma frase em sua agenda, em que ele escreveu "valer centavos a mais com a sua morte que com sua vida". Ele terá, obrigatoriamente, um programa narrativo com esse destino a resolver. Essa estrutura de ação de Arthur, em querer-ser um humorista famoso, tem uma origem no sentimento de se matar diante de uma grande plateia, e para o qual o personagem ensaia esta cena várias vezes. Seu equilíbrio passional vive por um fio: ou ele será um humorista ou morrerá chamando a atenção de todos para si, ao menos uma vez, na sanção, onde a verdade obrigatoriamente precisa aparecer.

No entanto, neste terceiro ato, no fim da jornada interna de Arthur, ele surpreende na sanção e não usa a arma para se matar, mas a usa para matar quem lhe rejeitava, o fazia sofrer, "liquidando a sua fratura" e o seu sentimento de rejeição, desviando a curva já traçada para o seu destino. E a cena que parecia previsível se transformou em uma surpresa. Impactou o final do filme.

Foi a estratégia montada nesse eixo passional de Arthur, de se matar caso não fizesse sucesso como humorista, que fechou o sentido do filme, surpreendendo o espectador. E esse tipo de cena surpreendente tem o nome de "narrativa concessiva", a parte desta teoria que ajuda o roteirista a escrever cenas e personagens em forma de "surpresa". Ela é o inverso da narrativa implicativa, ligada à ação.

A teoria leva em conta que os acontecimentos do nível da ação, que estavam previstos para acontecer, não aconteceram. E o que chegou no lugar foi uma concessão ao previsto, portanto uma surpresa que abalará o sentir do personagem. Se Arthur tinha um revólver que a todo tempo apontava para a própria cabeça, implicava que ele iria se matar. Mas isso não aconteceu e, ao invés disso, surpreendendo a todos, Arthur mata seu ídolo e não atira em si como estava previsto.

As curvas de transformação do personagem em três atos

A teoria na qual se baseia estes três atos, da Semiótica das Paixões, é científica e pode ser aplicada no roteiro de ficção de qualquer gênero e formato. É através dela que obtemos ferramentas para desenvolver essa curva visível, da ação, e invisível, do sentir, de cada personagem. Essa nova teoria do roteiro se inicia com este conceito narrativo de um contrato subjetivo, na base da confiança, entre dois personagens.

Serve para revelar sua personalidade inocente diante das injustiças praticadas contra ele, no trabalho e nas ruas, onde é espancado. Enquanto que o segundo, já é para buscar a verdade, com relação à sua mãe e ao seu pai, descobertas que o levam a matar de fato a própria mãe.

O ponto de virada final de "Coringa" está ligado à sanção da verdade sobre sua mãe e sua doença mental. Assim, o terceiro ato é para se vingar de todo o mal que lhe fizeram, um julgamento que se inverte o sentido da expectativa programada.

Na fase de contrato, a relação de Arthur com a mãe é virtualizada, só tem "querer". Assim como ele também quer ser um humorista famoso, quer ser "visto como ser humano" também. Tem como antiprograma narrativo o fato de ser louco, que precisa de remédios controlados, e a descoberta da verdade sobre seu pai e sua mãe e sobre os abusos sofridos na infância, e tudo mais que encontra pela frente.

No segundo ato, para Artur se realizar como humorista e cuidador de sua mãe, ele ensaia sua dança e apresentação para adquirir "saber" ser bom humorista, função do personagem nesta fase chamada de manipulação, e de atualizada. É quando o personagem luta para adquirir saber, para "poder", então, realizar-se de fato no terceiro ato, quando a verdade dos contratos for sancionada. O que não ocorre com Arthur. Ele não adquiriu competência como humorista na fase de realização, não consegui "poder-ser" humorista como queria. Mas não se matou. E ao ser "visto" finalmente como ele queria, quase vira herói.

Sua curva invisível foi se transformar, de um sujeito calmo e agradável, apesar de ter ações de um louco, sem potência no primeiro ato, em um sujeito raivoso e vingativo, no terceiro ato. E com potência para a intolerância, para a competência de "poder-matar" quem não consegue lhe ver. E, assim, ele se livra da pele de Arthur e entra para o time de vilões como Coringa.

Estrutura teórica baseada na semiótica do personagem

	Primeiro ato	Segundo Ato	Terceiro Ato
Início do filme ..../............................/............................ Fim do filme			
	PG 02 a 36	PG 37 à 72	PG 73 à 102
	00:01 à 38:00	08:00 à 82:40	82:40 a 1:40:00
	Contrato	Manipulação	Sanção
	Querer	Saber	Poder
	Virtualizado	Atualizado	Realizado

III. A VERDADEIRA JORNADA DO HERÓI

A jornada interna dos personagens de "Game of Thrones", de Arya, a vingadora, e de Jon Snow, analisada sob a nova teoria da narrativa, revela qual a jornada da alma dos personagens.

Quando os personagens Arya Stark e Jon Snow iniciam sua jornada, em "Game of Thrones", seus destinos já estão traçados, delineados, em razão de um contrato implícito que farão com outros personagens para cumprirem suas jornadas. Suas aventuras estarão encaixadas dentro de um esquema narrativo da jornada do herói, organizada pelo linguista A. J. Greimas, baseado nos estudos de V. Propp, que estabelece essa jornada do herói em torno de um contrato que se desdobrará em uma longa fase de manipulação e sanção dos personagens.

Diferente da jornada simbólica do herói de J. Campbell, que leva em conta uma análise externa da estrutura da ação, a jornada de Greimas tem sua estrutura de ação organizada e gerida a partir das paixões dos personagens, da jornada interna do personagem, uma jornada que leva em conta as mudanças e as transformações dos personagens dentro da lógica da própria narrativa.

A jornada do herói ocorre dentro da recente teoria da narrativa em três atos, em que o herói parte em busca de uma aventura para liquidar um dano, não em nome próprio, mas em nome de um contrato que o obriga a agir.

A jornada heroica de Jon Snow ocorre com um contrato com a Patrulha da Noite, para combater os Caminhantes Brancos, onde lutará para salvar a humanidade que o destina, ao mesmo tempo em que toda esta ação está sento amparada por uma jornada interna de Jon, que é liquidar a sua condição de "bastardo", de uma pessoa sem família e sem honra.

A grande jornada da pequena adolescente Arya Stark é adquirir poder para matar várias pessoas de sua lista, que vai de reis a gigantes. Uma jornada perdida. Mas Arya Stark faz um contrato com Jaqen, um "destinador" que lhe ensina o saber matar, que irá lhe doar o poder de destruir todos os seus inimigos. Ao mesmo tempo, em que a jornada de ação de Arya é matar seus inimigos, sua jornada interna é a de liquidar o ódio que sente e que a jogou na narrativa de vingança.

O que existe em comum com essas jornadas externas dos personagens é a existência de um "destinador". Esse personagem estratégico dará destino aos heróis e aos demais personagens.

Existe uma teoria lógica para organizar a nova jornada do herói, seguindo a linha aristotélica de transformação do personagem em três atos, em um esquema que funciona basicamente com três funções de personagens: "sujeito", "objeto" e "destinador", sendo que as funções de ajudante, oponente e destinatário podem ser ocupadas pelo sujeito, o objeto ou o destinador. Portanto, nossa jornada do herói é marcada por um conflito entre estas três funções.

Destinador → **Objeto** →   Destinatário

↑

Ajudante → **Sujeito** ← Oponente

Nesta jornada, por exemplo, tendo Jon Snow como sujeito, o seu objeto contratual é a Patrulha da Noite, e o seu destinador é a humanidade que o elege como protetor. A jornada do herói de Jon Snow é comandada por uma ordem do destinador, e que irá conflitar com sua jornada interna. O que está em jogo neste núcleo é uma relação de "junção" entre o sujeito e o objeto, e um destinador.

Primeiro Ato	Segundo Ato	Terceiro Ato
CONTRATO	MANIPULAÇÃO	SANÇÃO

Essa junção entre o plano do agir e o plano do sentir, entre sujeitos, objetos e destinador, irá moldar a jornada de transformação da história e dos personagens em três atos e se inicia com um "contrato" entre personagens, um contrato de confiança que originará a jornada em busca de cumprir esse contrato.

Em seguida ao contrato, o herói segue sua jornada em um segundo estágio, a "manipulação", onde o personagem terá de fazer arranjos para obter "saber" e "poder", para, então, na sanção, no terceiro ato, finalmente realizar-se, do ponto de vista do sentir e do agir, a partir da revelação da verdade oculta no contrato.

Será o destinador de Jon Snow, em sua jornada para salvar a humanidade, que justifica a morte de Daenerys. A traição da rainha dos dragões não foi com Jon, mas com o seu destinador, a humanidade que o elegeu como protetor na fase contratual. Na hora da verdade, da sanção, o destinador de Jon Snow fala mais forte, tem mais força, e ele mata Daenerys.

Essa jornada no plano da ação de Jon Snow, sob a força de um destinador, conflitou com sua jornada interna, que era a de liquidar sua amargura e rebeldia por ser um excluído de sua sociedade e família por ser um "bastardo", casando-se e reinando ao lado da rainha dos dragões. Porém, a força do destinador falou mais forte. Por isso, é um herói. Optou pela causa maior e não por sua causa particular.

A jornada de herói de "Coringa", como escrito em outro artigo, passa por essa jornada interna de transformação, em que está em jogo sempre o poder do destinador, interferindo no sentir e no agir de Arthur, seja sua mãe ou o apresentador de TV que pode lhe destinar a fama que ele tanto deseja.

O que difere um herói de outro personagem está na sua condição de liquidação de um dano que o faz sofrer, mas que essa liquidação ocorrerá em razão de um destinador maior, como salvar a humanidade, ao invés de liquidar seu sofrimento individual. Esse é o esquema dos super-heróis como Batman, Superman e Homem-Aranha, por exemplo. No conflito entre a jornada interna e a externa, a força do destinador sempre vence.

Mas há jornadas heroicas, com personagens simples, perdedores, que também passam por dilemas internos, as jornadas são mais sensíveis, e não ocorrem no nível da ação, como a jornada de Justine, em "Melancolia", de Lars Von Trier, em que a personagem é totalmente dominada pelo destinador "morte", o planeta Melancolia, manipulando a sua jornada de ação, que era se casar.

Essa mesma jornada está no esquema de cada personagem de "Parasita", como já escrevi em outro artigo, e nas personagens Cleo e Sofia, de "Roma", com roteiro de Alfonso Cuáron, em que a semiótica permite vermos a jornada invisível da personagem Cleo, ocorrendo apenas no nível da sensação e não de suas ações.

A jornada interna de Cleo ocorre em forma de sensações: de admiração, quando estava fazendo o contrato com o namorado Fermín, ou em forma de percepção, quando estava sendo julgada, na "sanção", a verdade sobre o seu sentir nos atos anteriores, quando sofre da paixão do arrependimento e remorso por ter desejado a morte do próprio filho ainda no ventre.

A jornada do herói é também uma busca pela potencialização da alma, do não sofrimento. Esse "esquema contratual" é apenas um esqueleto para que possamos colocar, nessa jornada interna dos personagens, também a jornada da alma, explorando os "simulacros existenciais" dos personagens.

A jornada de Arya se iniciou virtualizada, com ela querendo ser uma assassina para se vingar, e se "atualizou" ao aprender a matar, adquiriu um "saber" e só se tornou realizada, quando seu querer se transformou em "poder", para potencializar sua alma ao matar seus inimigos e liquidar a sua dor, o seu ódio.

Primeiro Ato	Segundo Ato	Terceiro Ato
Contrato	Manipulação	Sanção
Virtualizado	**Atualizado**	**Realizado**
(Querer)	**(Saber)**	**(Poder)**

Na jornada interna de Cleo, em "Roma", faltou competência, na fase de manipulação de sua jornada, para não sentir a existência de um filho que ainda não havia nascido, e competência também para não "sentir" remorso na sua sanção, já que sua jornada foi formada por "sensações". Enfim, na verdadeira jornada do herói, as ações são inseparáveis de suas paixões.

Os conceitos e a teoria aqui abordada estão bem detalhados e aplicados em séries como "Game of Thrones" e nos filmes "Roma", "Parasita" e "Coringa", no site screenwriteronline.com/br.

IV. OS PONTOS DE VIRADA
EM "PARASITA" E "CORINGA"

Por que existem os pontos de virada? É uma das técnicas aristotélicas mais conhecidas na teoria do roteiro, que vem a ser aquela cena forte, mais acentuada, que promove uma ruptura na história e na jornada do personagem. E, para a qual, existem centenas de teorias em volta do conceito, uso e função. Agora, com nova teoria da narrativa, uma ciência do próprio roteiro, uma semiótica do personagem, é possível termos um estudo próprio para este aspecto da narrativa, em que o ponto de virada é gerado e conduzido pelo personagem.

À nível da estrutura do roteiro, o ponto de virada são sequências, cenas, um pico na ação, que promove um intenso abalo nas paixões e crenças dos personagens, e serve para regular o tempo entre os três atos e para formar o arco da história e dos personagens. Do ponto de vista da narrativa, ocorre, do primeiro para o segundo ato, quando os contratos entre os personagens estão terminados. E, do segundo para o terceiro ato, quando a história e o personagem caminham para uma resolução final da intriga.

Todo roteirista estudou que o ponto de virada, o famoso plot point, são as cenas de grande acentuação dramática, usadas para promover uma reviravolta na história, um incidente, ou evento que interrompe a continuidade da história e não da narrativa. Syd Field estruturou bem a função do ponto de virada, no nível da ação. Mas, no nível do personagem, Field dizia que ainda não havia teoria para se chegar à alma dos personagens, sua estrutura interna, considerada "invisível", e que descrever a alma dos personagens era como "descrever o sol em um dia nublado".

Agora, podemos acrescentar aos seus estudos estruturais destas cenas fortes, o pico tensivo que abala a alma dos personagens. A narrativa contratual prevê uma teoria apenas para o ponto de virada, chamada, na semiótica tensiva, de "acontecimentos extraordinários". Esses picos de tensão na narrativa, que mudam o rumo da história, são chamados de extraordinários se forem "concessivos", não previstos, sob o impacto da surpresa que afeta o personagem. O ponto de virada só é importante se for elaborado tanto do ponto de vista da ação, como também das paixões dos personagens.

Esse ponto de virada não previsto, que abala a cognição do personagem, causando uma interrupção em sua jornada, modificará o personagem e a própria história narrada, tomando outra direção não prevista.

Os dois pontos de virada, no roteiro de "Coringa", ocorrem de acordo com a norma aristotélica, também com acontecimentos tensivos, que fecham cada um dos episódios. O acontecimento extraordinário tensivo, para promover o ponto de virada de Arthur, ocorre na sequência do metrô, quando ele atira e mata os rapazes. É uma cena tensa, que abala profundamente Arthur. Depois deste acontecimento, ele sai modificado, dança sua vitória em seguida, ganha potência, acha que não precisa mais tomar remédios. Essa foi a sua transformação do primeiro para o segundo ato, em razão desta cena que acontece sem estar previsto, e que promoverá o ponto de virada na história e no personagem, encerrando o primeiro ato, quando todos os contratos entre os personagens já ocorreram.

O segundo ponto de virada de "Coringa", que promoverá a mudança do segundo para o terceiro ato, ocorrerá quando, na cena, com dois terços ocorridos do tempo do filme, Arthur mata a própria mãe, de surpresa, numa ação inesperada. Esta cena é tensiva, extraordinária, o personagem age sem pensar, Arthur entrará em estado de choque e sairá modificado mais uma vez. Depois desta cena, Arthur não parece mais perder o controle do que "sente" ao se preparar para o seu show final, totalmente modificado, com poder para continuar matando sem sentir remorsos ou culpa.

O "ponto" como surpresa e sensação

A característica principal do ponto de virada, é que ele ocorre em forma de surpresa e em acontecimentos concessivos. O concessivo é o oposto do implicativo, aquilo que estava previsto para acontecer e acontece. O concessivo é o que muda o rumo da história em razão das mudanças que o personagem sofre, porque durante este acontecimento haverá um "dano" em sua alma, uma "fratura", que irá pedir em seguida uma liquidação do sofrimento causado por este acontecimento.

O ponto de virada do roteiro de "Parasita", do primeiro para o segundo ato, ocorre com a cena, que chega de imprevisto, da ex-governanta tocando a campainha da mansão, pegando a família de surpresa, que usufruía do luxo da casa. A cena do ponto de virada não é a que encerra o primeiro ato, como no roteiro de "Coringa", mas a que inicia o segundo ato, a chegada da governanta. Até então, os eventos estavam correlacionados aos contratos.

A cena da chegada da governanta causa uma surpresa no espectador e nos personagens da história e, por isso, é tensa. Ela interrompe toda a jornada dos quatro personagens, com seus planos, até então, correndo perfeitamente. A surpresa é a quebra do esperado, que rompe com a implicação e abre uma concessão para que o inesperado aconteça. Ela muda o rumo da história. A partir desta cena, o que era uma comédia se transformará em drama e tragédia.

O segundo ponto de virada de "Parasita" ocorre em uma cena de um dia ensolarado na mansão, quando a família, no fundo do poço, após perder tudo que possuía, recebe um telefonema da família rica, como se nada houvesse ocorrido neste segundo ato, convidando-os para a festa do filho na mansão. Do nada, de surpresa, reabre uma nova chance para todos recuperarem os seus ritmos quebrados, e retomam aos contratos que existiam até o fim do primeiro ato.

As cenas dos pontos de virada em "Parasita" diferem das de "Coringa", porque as cenas tensas de "Coringa" ocorrem no final do ato, no final do primeiro ato, quando ele mata os jovens no metrô, e, no final do segundo ato, quando mata a mãe. Enquanto que, em "Parasita", as cenas que promovem os pontos de virada ocorrem no início dos atos, do segundo e do terceiro. A cena que abre o terceiro ato é tensa, os personagens agem sob surpresa ao serem tratados pelos patrões normalmente, e voltarão ao trabalho abalados e modificados após os eventos do segundo ato.

Do ponto de vista da paixão dos personagens, normalmente, o primeiro ponto de virada é o causador do dano e da fratura do personagem, e o segundo ponto de virada é uma cena que marca o início do fechamento destra fratura na alma do personagem. É o esquema básico de "Coringa", que tem dois pontos de virada tensos, abrindo e liquidando fraturas.

Esse artigo é um resumo muito restrito sobre a teoria do ponto de virada, que em um estudo mais profundo irá mostrar como ele, de tão tenso, gera "fraturas" e "danos" na alma dos personagens. De forma que podemos perceber os pontos de virada "invisíveis" dos personagens, que são realizados apenas em forma de "sensação" sentida, e não uma ação realizada. Essa sensação paralisa o personagem, ou por uma tensão em forma de "admiração" com o objeto, ou de "percepção" do que escondia este objeto. Os pontos de virada dos personagens Cleo e Sofia, em "Roma", de Alfonso Cuáron, ocorrem através de sensações dos personagens.

O ponto de virada aqui exposto como "acontecimento extraordinário" vem sendo aperfeiçoado desde os anos 1990. Nos vídeos do Screenwriter Online, eu desenvolvo uma longa teoria em torno desta lógica narrativa, considerada científica nas maiores universidades do mundo.

V. O ROTEIRO PILOTO DE UMA SÉRIE DE FICÇÃO

Existem inúmeras formas e dicas para estruturar a escrita do roteiro de um "piloto" de uma série de ficção, o tão importante primeiro episódio, que servirá como espelho da série inteira. Por isso, ele requer uma grande atenção. O conhecimento que vamos introduzir não é uma dica, mas uma estratégica de estruturação da narrativa e dos personagens, gerada após décadas de estudos científicos na área da teoria da narrativa.

O que o difere dos demais, é que, no primeiro episódio, existe a função de armar os conflitos futuros, que se iniciam através de "contratos" entre os personagens para uma jornada, que determinarão os acontecimentos esperados e inesperados dos episódios seguintes. Neste sentido, o primeiro episódio, considerado como piloto, não tem uma teoria separada dos demais episódios em uma série, e só estará desenvolvido de forma satisfatória, quando a série estiver escrita até o seu último episódio.

Esse tipo de criação narrativa tem um "início" com a função de organizar a apresentação dos personagens e de suas jornadas, através de "contratos" com outros personagens, nem sempre por suas vontades ou interesses. Consideramos o contrato entre os personagens (como algo já definido por Aristóteles em uma lógica implicativa) uma necessidade, no plano da ação, de exercerem uma manipulação e arranjos, relacionados a este contrato, e uma sanção, no último ato, quando a verdade do contrato deverá ser revelada. O que acrescentamos agora são as paixões dos personagens neste contrato, que tem um caráter "concessivo", de não previsão do que poderá acontecer com o futuro dos personagens. E que chegará imprevisível em forma de surpresas.

No roteiro piloto de "Game of Thrones" (HBO, 2011), as cenas estão bem distribuídas entre os personagens para atender aos principais contratos. A consumação do contrato de Daenerys Targaryen, a Rainha dos Dragões, com o senhor da guerra Dothraki Khal Drogo, em troca de um exército para conquistar Westeros e recuperar o Trono de Ferro, tem início e termina no primeiro episódio. O contrato de Jon Snow com a Patrulha da Noite também se inicia e se encerra no primeiro episódio, assim como a promessa de um contrato de casamento entre membros das famílias de Ned Stark e dos Lannister. Um contrato entre norte e sul.

O que está em jogo em um episódio piloto, relacionado ao contrato, é que ele é um tipo de contrato ilusório, nem sempre tem explícitas suas cláusulas, em que um personagem também nem sempre sabe o que está "assinando" neste contrato. Cada personagem deseja algo diferente do outro, quando estabelecem essa fase contratual, por isso, a tendência a surgir problemas mais à frente. Especialmente, quando este contrato é quebrado. Porque os contratos são regidos por "intenções passionais" dos outros personagens.

O contrato de Daenerys para sua longa jornada, ao se casar por interesse, inclui um nível do "sentir", que trata da passionalidade da "vingança" que a afeta, e que virá à tona no último episódio da saga, quando é morta por Jon Snow, na sanção, em que a verdade precisava ser revelada. Já o contrato de Jon Snow para ser patrulheiro inclui o sentimento de ressentimento e mágoa por ser um bastardo, um sem-ninguém nos valores da série. Será a sua paixão da mágoa e rebeldia que o moverá para o contrato com a Patrulha.

O primeiro episódio de "Game of Thrones" dedica três longas sequências para mostrar o sofrimento como bastardo de Jon Snow; na divisão dos filhotes de lobos, quando é segregado da família durante a festa e na inesperada conversa com o anão Tyrion. Esse tipo de jornada contratual, que leva em conta o "agir" e o "sentir" dos personagens, está presente em qualquer série de qualidade.

É através desse "contrato", que pode ser com um objeto ou com uma causa, que John Snow, se une à Patrulha da Noite, em razão de sua paixão da rebeldia, da amargura por ser um bastardo. Ele age e molda seu destino em razão desta revolta. O contrato afetivo entre Jon Snow e sua meia irmã Arya Stark é motivado por esta paixão da revolta e da rebeldia, em razão de se sentirem excluídos.

Todos os contratos serão postos em questão nos episódios seguintes, passando por uma fase de "arranjo" entre os personagens para que o contrato dê certo, quando os personagens manipulam os outros em razão deste contrato, e se fecha quando a verdade oculta no contrato vem à tona. Essa jornada, que vai do "contrato à sanção", é uma jornada que vai "de uma ilusão a uma verdade".

A curva que se fecha no final está relacionada à jornada iniciada com o contrato neste primeiro episódio. No plano afetivo, John Snow precisa fechar sua ferida passional, seu ressentimento por ser um bastardo precisará ser liquidado no futuro.

No piloto da minissérie "Chernobyl" (HBO, 2019), os eventos no plano da ação, relacionados ao acidente nuclear, refletem a tensão dos personagens em razão dos contratos entre eles que estruturam a narrativa e a jornada interna de ao menos dois personagens principais: de Lyudmilla Ignatenko com o bombeiro Vasily Ignatenko, que funciona como ferramenta para o roteirista mostrar o "sofrimento" dos personagens atingidos pela radiação. O contrato de Lyudmilla, neste primeiro episódio, tem a função de mostrar o sofrer dos personagens, em meio à busca pelo marido nos episódios seguintes.

O outro contrato, no primeiro episódio, ocorre entre o cientista Valery Legasov (Jared Harris) e o burocrata Boris Shcherbina (Stellan Skarsgård), que abre e fecha o episódio, iniciando com uma gravação da verdade antes do suicídio e fechando com sua ligação conflituosa com Shcherbina, que será mostrada em forma de "arranjo" entre os dois personagens nos próximos episódios, para que possam se ajustar um ao outro. O contrato com o burocrata existe em razão da revelação da verdade (na sanção), no último episódio, quando vem à tona esta verdade, gravada no primeiro episódio, de que o estado comunista soviético tentou esconder sua culpa e responsabilidade.

Todas as personagens, no primeiro episódio de "Big Little Lies" (HBO, 2017), agem em torno de um contrato com outro personagem, especialmente as quatro esposas com seus maridos. O primeiro episódio tem, no plano da ação, o reencontro de mães e amigas buscando seus filhos na porta de uma escola. E se fecha, à noite, com todas aquelas personagens agindo em razão dos contratos, em insônia e insatisfação, sem dormir, como se todas tivessem uma culpa em sua alma.

O primeiro episódio é para mostrar as passionalidades dos personagens, armar as intrigas e o suspense sobre o culpado ser uma daquelas mulheres. Sabemos quem é de fato a estressada Madeline (Reese Witherspoon), quando ela discute o seu contrato com o ingênuo marido, Ed (Adam Scott), revelando, no plano da paixão, o quanto ela é insegura e ele, imaturo.

O piloto serve para estruturar o contrato principal da série, entre duas personagens mulheres, a popular Madeline e a sofredora Jane (Shailene Woodley), que foi estuprada no passado, resultando em um filho, agora com seis anos, e quer descobrir quem lhe causou este dano e se vingar. É através do contrato de casamento de Celeste Wright (Nicole Kidman) que o drama se torna violento, e que a vencedora Renata Klein (Laura Dern) revela sua arrogância e intolerância, quando o marido não lhe dá ouvidos.

Enquanto que, no plano da ação, existe um "dano" causado à Jane, que tem um filho de seis anos, fruto deste estupro, que precisa ser liquidado nos demais episódios, porque neste primeiro episódio é a personagem que mais passa sentimentos de ódio, raiva e abre o sentido que fechará a série, quando se revelará quem foi morto, e quem foi a assassina. O contrato entre Madeline e Jane permitiu essa construção narrativa bem organizada para o fechamento do programa narrativo de cada personagem, iniciado no primeiro ato.

E a novidade também é que, nesta teoria, está incluso, na jornada da ação, o "sentir" dos personagens e sua jornada interna, incerta, sofredora e cheia de imprevistos. Jane tem essa fratura a liquidar, como todas as outras mulheres também têm as suas. Será a busca pela verdade, com relação ao pai de seu filho, e as acusações de que ele é violento, que moverá as tensões passionais dos episódios seguintes, e fechará os problemas "passionais" dos personagens que surgiram no primeiro ato.

Dentro de nossa teoria da narrativa, podemos doar ferramentas necessárias para um roteirista desenvolver bem este primeiro episódio, mostrando a curva de um personagem para sofrer transformações. Para isso, é necessário que o arco de uma história, com um começo, meio e fim, seja operado por estas transformações obrigatórias dos personagens. Uma transformação no nível da "ação" que precisa também ocorrer no nível do "sentir" dos personagens.

O AUTOR
HERMES LEAL

PhD em Narrativa de Ficção, Hermes Leal é escritor, explorador e documentarista. É jornalista, formado na UFG, Mestre em Cinema, com especialização em Roteiro pela ECA/USP, e Doutor em Letras, com especialização em Linguística e Semiótica das Paixões, pela FFLCH/USP. O resultado desta pesquisa foi publicado em 2017, "As Paixões na Narrativa – A Construção do Roteiro de Cinema", pela Perspectiva, uma grande e importante editora, na famosa Coleção Estudos.

Escritor, com sete livros publicados, incluindo o romance "Antes que o Sonho Acabe" (Geração Editorial, 2016), sobre um jovem em fuga da Amazônia, em épocas sombrias da Guerra Fria.

Seu primeiro romance, "Eu Sou Foda!", lançado em 1997, e relançado em 2006 com o título "Faca na Garganta", gerou polêmica ao mostrar uma geração de adolescentes nos anos 1990 que podiam tudo, menos vencer a AIDS.

Contador de boas histórias, Hermes é explorador, suas aventuras são sempre autênticas por lugares pouco ou nunca explorados. É autor de "Quilombo – Uma Aventura no Vão das Almas" (1995) e da primeira biografia do aventureiro que inspirou Indiana Jones, "O Enigma do Coronel Fawcett" (Geração Editorial, 4ª edição, 2008), sobre o inglês caçador de cidades perdidas no Brasil. O livro virou um pequeno best-seller, com cinco edições impressas, e relata a aventura de Fawcett e do próprio autor em busca de pistas sobre o seu misterioso desaparecimento.

É roteirista e diretor de importantes séries de TV, como "Pensamento Contemporâneo" (Canal Curta! e CineBrasilTV), com oito episódios abordando temas do Café Filosófico, da TV Cultura, com os maiores pensadores do Brasil e do mundo. Sua série "Cineastas" estreou em 2017, no canal Prime Box Brazil, exibida em 2020 pelo Canal Curta! e A&E, e disponível no streaming (NOW e Vivo Play).

Em 2020, estreia novas séries: "Na Força da Lei", seriado que mostra a transformação do país através de 13 leis que mudaram nossa história; e "Amazon Fashion", seriado para o canal Fashion TV, que aborda a moda a partir de produtos sustentáveis na Amazônia. Como produtor, lançou o documentário "Idade da Água", de Orlando Senna ("Iracema, uma Transa Amazônica"), que participou de mais de 20 festivais no Brasil e no exterior, e aborda a questão da crise hídrica na Amazônia.

Profissional de televisão, com carreira iniciada nos anos 1990, atuou como diretor de TV na Rede Manchete, onde esteve por dez anos e criou o primeiro reality policial no Brasil, "Na Rota do Crime", campeão de audiência por anos. Atuou ainda no jornalismo do SBT, Rede TV e Record.

BIBLIOGRAFIA

AGOSTINHO, Santo. Sobre a Potencialidade da Alma. Rio de Janeiro: Vozes de Bolso, 2013.

ARISTOTLE. On Interpretation. Whitefish MT (EUA): Kessinger Publishing, 2010.

BARROS, Diana Luz Pessoa. Teoria Semiótica do Texto. São Paulo: Editora Ática, 1990.

BARROS, Diana Luz Pessoa. Teoria do Discurso – Fundamentos semióticos. São Paulo: Humanitas, 2001.

BARTHES, Roland. Elementos da Semiologia. São Paulo: Editora Cultrix, 2000.

BERTRAND, Denis. Précis de sémiotique littéraire. Editihons Nathan, 2000, Paris.

COURTES, Joseph. Introdução à Semiótica Narrativa e Discursiva. Coimbra: Livraria Almedina, 1979.

COURTES, Joseph. Analyse sémiotique du discours: de l'énoncé à l'énonciation. Paris: Hachette, 1991.

DELEUZE, Gilles. O Ato de Criação. Trad. José Marcos Macedo. São Paulo: Folha de São Paulo, Caderno Mais!, 27 de junho de 1999.

DELEUZE, Gilles. Francis Bacon: Logique de la Sensation. Seuil, Paris, 2002.

DESCARTES, René. The Passions of the Soul. Hackett Publishing. Cambridge, MA, (EUA), 1989.

FLOCH, Jean-Marie. Petites Mythologies de l'œil et de l'esprit. Pour une Sémiotique Plastique, 1985

FLOCH, Jean-Marie. Identités visuelles: Waterman, Apple, Ibm, Chanel, Ikea.

FIELD, Syd. Screenplay: The Foundations of Screenwriting. Delta; Revised ed. 2005.

FONTANILLE, Jacques; Sémiotique du Discours, Precess Univesitrieres de Limonges (PULIM), 2003.

ZILBERBEG, Claude; FONTANILLE, Jacques. Tension et Signification, Mardaga, (1998).

FONTANILLE, Jacques; DITCHE, Elisabeth; LOMBARDO, Patrizia. Dictionnaire des Passions Littéraires. Paris: Editora Beli, 2005.

GREIMAS, A. J.; ALEXANDRESCU, Sorin e outros. Semiótica Narrativa e Textual.

São Paulo: Editora Cultrix, 1977.

GREIMAS, A. J.; BREMOND, Claude e outros. Análise Estrutural da Narrativa. Rio de Janeiro: Editora Vozes, 1980.

GREIMAS, A. J.; Semântica Estrutural. São Paulo: Editora Cultrix, 1986.

GREIMAS, A. J.; FONTANILLE, J. Semiotique des passions: Des etats de choses aux etats d'ame.

GREIMAS, A. J.; De L'imperfection. Périgueux, França. 1987.

GREIMAS, A. J.; COURTES, Joseph. Semiotique: Dictionnaire Raisonné de la Théorie du Langage. Rachette, Paris. (1993).

GREIMAS, A. J.; Sobre o Sentido II – Ensaios Semióticos. São Paulo: Edusp, 2014.

HJELMSLEV, Louis. Prolegômenos a uma Teoria da Linguagem. São Paulo: Editora Perspectiva, 1975.

LEAL, Hermes. As Paixões na Narrativa. Editora Perspectiva, São Paulo, 2017.

LOPES, Carlos Reis; CRISTINA, Ana M. Dicionário de Teoria da Narrativa. São Paulo: Editora Ática, 1989.

PIETROFORTE, Antônio Vicente. Semiótica Visual, o Percurso do Olhar. São Paulo: Contexto, 2007.

PIETROFORTE, Antônio Vicente. Análise do Texto Visual, a Construção da Imagem. São Paulo: Contexto, 2008.

PROPP, Vladimir. Morfologia do Conto Maravilhoso. São Paulo: Editora Forense Universitária, 2006.

ROSA, João Guimarães. Primeiras Histórias. Rio de Janeiro: Editora Nova Fronteira, 2005.

SAUSSURE, Ferdinand. Curso de Linguística Geral. São Paulo: Editora Cultrix, 1987.

TATIT, Luiz. Semiótica à Luz de Guimarães Rosa. São Paulo: Atelier Editorial, 2010.

TODOROV, Tzvetan. As Estruturas Narrativas. São Paulo: Perspectiva, 1970.

VALÉRY, Paul. Carriers, tome 1. Coll. La Pléiade. Paris: Gallimard, 1991

ZILBERBERG, Claude. Eléments de Grammaire Tensive. Presses Univ. Limoges, 2006.

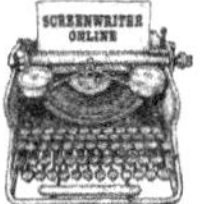

SCREENWRITER
ONLINE